El Juego de culpar

Inspirado por Dios

Escrito por Julie Chapus

El juego culpar
Autora: Julie Chapus

Derecho de autora©2013, 2014 Julie Chapus

www.christforkidsministries.com

ISBN 978-1-935018-93-3

Todos los derechos reservados por la autora

PUBLICADO POR:

Five Stones Publishing

UNA DIVISIÓN DE:

The International Localization Network

Randy2905@gmail.com

ILNcenter.com

Todos los derechos reservados.

Sin limitar los derechos bajo los derechos de autora reservados arriba, ninguna parte de esta publicación puede ser reproducida, almacenada en o introducida en un sistema de recuperación, o trasmitida, de forma alguna, o por cualquier medio (electrónico, mecánico, fotocopiar, grabar o de otro modo), si permiso por escrito previo del editor.

Gran parte de la Escritura citada en este libro ha sido parafraseada por la autora. Se provee por todo el texto las referencias de capítulo y verso.

Las Escrituras son tomadas de Zondervan Life Application Study Bible, New International Version © 1988, 1989,1990, 1991 por Tyndale House Publishers, Inc., Wheaton, IL, 60189

Christ for Kids
Ministries

Gracias

Muchas gracias Padre Celestial. Me siento muy humilde por lo que has hecho y sigues haciendo en mi vida. Aunque no soy nada sino polvo y cenizas tú me has dado la vida, y una que vas más allá de lo que pude imaginar. Te amo Padre, y no puedo esperar para ver qué es lo próximo que vas a hacer.

Dedicatoria

Este libro está dedicado a ti, Dave. ¡Y pensaste todos estos años que no me interesaban los deportes! Te amo.

Gracias especiales

Estoy muy agradecida a los editores de este libro, David Chapus y Jennifer Edwards, por su apoyo continuo.

Gracias especiales a mi mentor, Revdo. B.R. VanDame Weirich; sus oraciones y sugerencias han hecho de este libro todo lo que el Señor quiere que sea.

Gracias a mis padres que han seguido apoyándome en todos mis esfuerzos.

Muchas gracias a 5 Stones Publishing. Espero que este libro ayude a muchos niños y familias.

Gracias Pastor Josh y a todos en la Iglesia Elim Gospel por su estímulo y apoyo.

A Mandy: Tus oraciones y estímulo me han ayudado a perseverar y a nunca rendirme. ¡Gracias!

Contenido

Gracias..3

Dedicatoria 5

Gracias especiales.. 7

El juego de culpar 11

Jugadores clave...................................... 27

Elemento de cambio del juego 33

El entrenador 39

"¡Me rindo!" 47

El equipo ganador.. 57

El reto 65

Conclusión 71

Lista de lecturas sugeridas.................................... 77

Nota de la Autora 79

El juego de culpar

El culpar existe en nuestro mundo; nos rodea a todos. Toma a tu mamá y tu papá, por ejemplo-¿te han culpado alguna vez por algo malo que pasó en la casa?

Digamos que estás jugando con algo que pertenece a tus padres, y lo rompes accidentalmente. Cuando tus padres te preguntan acerca de eso, ¿has pensado alguna vez en culpar a alguien, como tu hermano o hermana o al gato? Está bien, todos hemos sido cogidos con las manos en la masa. Eso quiere decir que todos hemos sido cogidos haciendo cosas que sabemos no debemos estar haciendo. Cuando eso sucede, es tentador tratar de echar la culpa a algún otro o a otra cosa.

Cuando hacemos eso, esto hace que el "juego de culpar" siga. Lo que quiero decir es que cuando culpamos a alguien por una cosa, se vuelve más fácil culpar a otra gente o situaciones por otras cosas, hasta que nos encontramos culpando una y otra vez por casi cualquier cosa mala que pase en nuestras vidas.

Cuando caemos en este patrón, realmente nos hace daño, porque nos quedamos estancados en un ciclo que no va a ninguna parte. Es como caminar en un círculo que nunca termina y nunca nos lleva donde queremos ir. Sigue llevándonos de nuevo a culpar. En algún momento, nuestra meta debe ser parar este ciclo y sacar el culpar de nuestras vidas. Nos va a ayudar a sentirnos mejor por dentro, y va a ayudar a la gente alrededor de nosotros también.

Dios no es un fanático del juego de culpar. Él sabe que todos llegamos a ser heridos en este juego y Él sabe también que culpar a otros nos impide seguir el camino maravilloso que Él ha preparado para nosotros. El camino de Dios siempre nos lleva a la paz y el amor.

Dios nos quiere tanto que Él nos ha dado muchas enseñanzas sobre el culpar y por qué esto no pertenece en nuestras vidas. Él ha hecho esto para que nosotros podamos vivir una vida más plena. Dios nos ayuda de esta manera porque Él quiere que tengamos paz y amor en nuestros corazones, y Él quiere que sintamos alegría; no odio, culpar a otros, miedo o vacío.

Al movernos por este primer capítulo, vamos a explorar por qué el culpar a otros existe y dónde puede ocurrir en nuestras vidas. Más tarde, vamos a ver algunas maneras para lidiar con el culpar y cómo evitar caer en el juego de culpar.

Por tanto, ¿por qué hay tanto culpar a otros en nuestro mundo y de dónde viene? Pasemos a la palabra de Dios para encontrar la respuesta.

Cuando Dios creó nuestro mundo, todo era muy diferente de la manera como es ahora. Todo era perfecto.

Tú ves, Dios es amor y cuando Él hizo el universo, nuestro mundo no sabía nada más que amor. No había nada malo; "el mal" ni siquiera existía. No había cosas tales como odio, culpar, enfermedad o desorden. Por esta razón la Biblia nos dice en Génesis 1:31 que "Dios vio todo lo que Él había hecho, y estaba muy bueno".

El mundo fue tan precioso, de hecho, es difícil imaginar lo que debe haber sido, porque las cosas son tan diferentes ahora. Es difícil para nosotros pensar en un mundo perfecto, porque el mundo en que vivimos tiene muchos problemas: definitivamente no es perfecto.

Por tanto ¿qué pasó? ¿Cómo el mundo pasó de ser bueno en todas las maneras a ser imperfecto, con tantos problemas? Esta es una buena pregunta y si pasamos a nuestra Biblia, vamos a encontrar las respuestas.

Luego de hacer la tierra, Dios creó un hombre llamado Adán y una mujer llamada Eva. La Biblia nos cuenta en Génesis 1:27, "Así Dios creó al hombre a su imagen. A imagen de Dios lo creó; macho y hembra los creó". Dios – que es perfecto y amoroso – hizo a Adán y Eva por Su amor perfecto.

Cuando Adán y Eva fueron creados, ellos estaban viviendo con Dios en un lugar llamado el Jardín del Edén. Dios dijo específicamente a Adán y Eva que no debían comer el fruto de cierto árbol en el jardín, llamado el árbol del conocimiento. Vamos a ver por qué fue llamado así en un momento, pero por ahora, la cosa importante es que Dios sabía que el fruto de este árbol sería muy malo para Adán y Eva. Esta es la razón por la que Él les dijo que se mantuvieran alejados de este árbol y no comer de su fruto. (ve Génesis 2:16-17)

Pero Adán y Eva no hicieron caso a Dios. Ellos comieron el fruto del árbol prohibido. E inmediatamente las cosas malas comenzaron a ocurrir.

Nos dice la Biblia (Génesis 3:8-10), "Entonces el hombre y su esposa oyeron los pasos del Señor que se paseaba por el jardín a la hora de la brisa de la tarde. Ellos se escondieron para que el Señor Dios no los viera entre los árboles del jardín.

Pero el Señor Dios llamó al hombre, '¿Dónde estás? Adán contestó, 'Oí tu voz en el jardín y tuve miedo, porque estoy desnudo, por eso me escondí'."

Sé que esto puede ser difícil para entender, pero cuando Adán y Eva estaban viviendo en el Jardín del Edén con Dios, no tenían nada que esconder o esconderse de algo. No había vergüenza o deshonra. Recuerda, hasta este momento todo era perfecto. El "Mal" ni siquiera existía. No podemos comprender esto totalmente porque vivimos en un mundo donde las cosas malas ocurren cada día, pero hasta este momento Adán y Eva no sabían nada sino bondad y amor.

Pero una vez que comieron ese fruto del árbol del conocimiento, Adán y Eva llegaron a estar conscientes de bueno y malo. Esto es cuando el pecado entró en sus vidas. El pecado es una violación de la ley de Dios, que a veces se llama también la ley divina. ("Divina" significa que viene de Dios). La ley divina para Adán y Eva era "No comer ese fruto". Pero Adán y Eva rompieron la regla de Dios.

En este momento ellos se llenaron de miedo. Vemos que Adán y Eva sintieron miedo por la primera vez. Les vemos escondiéndose de Dios y pronto veremos el culpar a otros entrar el cuadro también.

Por eso el árbol fue llamado el árbol del conocimiento de lo bueno y malo – luego de ellos comer su fruto, Adán y Eva sabían la diferencia entre lo correcto e incorrecto, y entre el bien y el mal. Y ellos sabían que habían hecho algo incorrecto por no hacer caso a Dios.

Así que cuando Adán dijo a Dios que se escondió porque estaba desnudo, Dios preguntó, "¿Quién te Ha hecho ver que estabas desnudo? ¿Has comido acaso del árbol que te prohibí?" (Génesis 3:11)

Ahora mira cómo Adán respondió a Dios. Adán dijo, "La mujer que me diste por compañera me dio del árbol y comí". (Génesis 3:12)

¿Ves lo que Adán hizo aquí? Primero culpó a Dios por darle la mujer y entonces culpó a la mujer por darle el fruto.

Ahora Dios se dirige a Eva y pregunta, "¿Qué es lo que has hecho?" (Génesis 3:13). La mujer contestó a Dios culpando a la serpiente que estaba en el jardín. Eva dijo, "La serpiente me ha engañado y comí". (Génesis 3:13) Así Adán culpó a Dios y a Eva y Eva culpó a la serpiente.

Estoy seguro que Adán y Eva estaban muy asustados en este momento. Nunca antes habían desobedecido a Dios y la primera vez que lo hicieron, ellos pasaron de sentir amor perfecto a estar aterrorizados y querer esconderse de Dios. No solamente esto, sino que ambos empezaron a culpar a otros por lo que ellos habían hecho.

Todo esto ocurrió tan rápido. De repente la vida que Adán y Eva habían conocido cambió radicalmente. Ellos se sintieron diferentes por dentro y todo su mundo cambió también. Desde este momento, el pecado entró al mundo y junto con él llegaron todas las emociones malas que el pecado trae, como miedo, duda y culpar a otros.

Después que esto pasó, Adán y Eva no podían vivir más en el Jardín del Edén, porque solamente el amor perfecto podía existir allí. Adán y Eva estaban ahora expuestos al bien y al mal y ellos lo sabían. Esto significó que ahora ellos tenían que escoger: escoger para vivir de una manera buena o de una manera que llevaría al pecado.

Desde este momento, la vida llegó a ser muy difícil para ellos y los problemas que Adán y Eva tuvieron que enfrentar están todavía con nosotros hoy día. Todos estamos afectados por el conocimiento del bien y del mal. Cada día tenemos que escoger. A veces tomamos buenas decisiones y otras veces las decisiones que tomamos nos llevan al pecado. Todos tenemos que tomar estas decisiones basadas en nuestra libre voluntad. Esto significa que tenemos la libertad de escoger cosas que nos llevan al pecado o cosas que nos llevan al amor y paz.

Dios siempre quiere ayudarnos a tomar las decisiones correctas, pero Él nunca nos fuerza a hacer algo. Nos quiere tanto que Él deja la decisión en nuestras manos. Pero cuando escogemos seguir a Dios, ganamos un sentido increíble de paz y amor en nuestros corazones. Cuando escogemos seguir cosas que nos llevan al pecado, llegamos a estar abrumados con malos sentimientos que quitan nuestra paz y siempre nos hacemos daño.

Como Adán y Eva, todos sabemos qué es tener miedo. Todos hemos sentido que queremos escondernos cuando hemos hecho algo malo, todos hemos mentido, y si somos honestos con nosotros mismos, estoy seguro que podemos pensar en momentos en nuestras vidas cuando nosotros también hemos culpado a otra persona por algo que hemos hecho. Todas estas cosas tienen que ver con el pecado.

Bien, da gracias a Dios por nuestra Biblia. En ella, Dios nos da sabiduría que podemos usar e ilustraciones de las cuales podemos aprender y aplicar a nuestras vidas diarias. Hasta Dios envió Su Hijo Jesús a la tierra para ayudarnos a superar todos nuestros problemas de pecado, al enseñarnos cómo Dios quiere que nosotros vivamos. También Dios nos ha proporcionado muchas maneras para responder a cualquier situación mala en que nos podamos encontrar, incluyendo esos tiempos cuando estamos tentados a culpar a otros.

En el Evangelio de Lucas, Jesús nos enseña algunas cosas sobre culpar. Un día alguien habló sobre alguna gente de un lugar llamado Galilea, y ellos habían pasado por terrible sufrimiento. Jesús contestó, ¿Creen ustedes que esos galileos eran más pecadores que todos los otros galileos por haber sufrido esa desgracia? Yo les digo que no". (Lucas 13:2) Lo que Jesús quiso decir era que simplemente porque algo malo le pasa a alguien, esto no significa que debe ser su falta o que ellos deben ser gente mala.

Tú ves, todos pecamos. Esto significa que a veces todos hacemos cosas que sabemos que no debemos hacer. Y esta es la razón por la que no es correcto para nosotros mirar a otra persona y culparle por sus problemas. Esto a veces también se llama juzgar a otros.

Dios sabe que tendemos a hacer esto y Jesús quiere ayudarnos a dejar de juzgar y culpar a otros, porque Él sabe que estas conductas hieren a todos nosotros. En Lucas 6:37, Jesús dice, "No juzguen y ustedes no serán juzgados. No condenen y ustedes no serán condenados. Perdonen y ustedes serán perdonados. Den y se les dará. Recibirán una medida bien apretada y colmada; porque con la medida que ustedes miden, ustedes serán medidos".

Nadie de nosotros quiere ser juzgado o culpado, de manera que no debemos hacer esto a otros. Queremos que nos perdonen cuando cometemos un error, de manera que debemos perdonar a otros también. En resumen, debemos tratar a otros de la manera en que nos gustaría ser tratados. Esto se conoce como la Regla de Oro que es otra de las enseñanzas de Jesús. Podemos encontrarla en Lucas 6:31: "Traten a los demás como quieren que ellos les traten a ustedes".

Me encanta esta enseñanza. Cuando pienso sobre cómo quisiera ser tratada, esto realmente me ayuda a tratar mejor a otra gente.

Todo lo que necesitamos hacer es pensar en los tiempos en que hemos tenido problemas; ¿nos gustaría que alguien nos ayudara o nos gustaría que alguien nos culpara por nuestros problemas? Estoy segura que la mayoría de nosotros quisiera tener ayuda y esta es la razón por la que debemos tratar a otros en una manera que les ayude también. Si encontramos que estamos culpando a otros más que ayudarles, la siguiente oración puede servir de ayuda.

ORACIÓN

Querido Jesús, por favor ayúdame a tratar a otras personas de la manera que yo quisiera ser tratado, por favor dame compasión en mi corazón para otros y enséñame a rezar por aquellos que están sufriendo.

Amen.

Lo que Jesús realmente quiere es que todos nosotros demostremos amor y compasión uno para el otro. En el Evangelio de Juan (Juan 13:34), Jesús declara, "Les doy este mandamiento nuevo: que se amen unos a otros como yo los he amado. Sí, ámense unos a otros. En esto reconocerán todos que ustedes son mis discípulos: si se aman unos a otros". ¡Qué gran regla como guía para vivir!

Durante Su tiempo en la tierra, Jesús difundió este mensaje de amor y Él nos enseñó cómo amarnos unos a otros. Cuando rezamos por otros, esto es amarles. Cuando vemos que cosas malas están pasando a otros, debemos siempre rezar por ellos. Cuando la gente nos enfada, también debemos rezar por ellos.

Dios no quiere que nosotros culpemos y seamos malos uno para el otro. Él sabe que cuando hacemos esto, herimos a nosotros mismos y a otros. Pero aunque nuestro mundo tiene pecado y cosas malas, si seguimos los caminos de Dios y nos amamos unos a otros, podemos tener paz y amor en nuestros corazones. No solamente esto, también seremos capaces de ayudar a otros a tener paz y amor. ¡Esto suena realmente impresionante!

Sería prudente entonces para nosotros mirar cómo Jesús quiere que nosotros vivamos. Las cosas que Él enseñó traerán paz y amor a nuestras vidas, si queremos seguirlas. Esto no significa solamente leer sobre sus enseñanzas, pero actualmente hacerlas parte de nuestras vidas diarias.

Una cosa importante para tener en mente es que podemos estar tentados de jugar el juego de culpar no solamente cuando hemos hecho algo malo (como en nuestro ejemplo de antes de romper algo que pertenece a tus padres), pero cuando alguien ha sido malo para nosotros. Si se ha dicho algo que hiere nuestros sentimientos o si alguien nos trata mal, podemos enojarnos con él o ella, culparle por ser cruel para nosotros y querer desquitarnos hiriéndoles también. O hasta podemos culpar a nosotros mismos, creyendo que debemos haber hecho algo para merecer ser tratado de esta manera. Nada de esto hace bien a nosotros o a ellos. Solamente va a causar más sentimientos heridos y malos.

La única manera para poder salir de estos hábitos malos es volver a Dios y seguir Sus caminos. De nuevo, miremos lo que Jesús tiene que decirnos sobre esto. En Mateo 5:44, Jesús dice, "Amen a sus enemigos y recen por sus perseguidores (los que te hacen daño)".

Ahora recuerda, que podemos tener paz si hacemos lo que Jesús nos pide que hagamos. Si realmente estamos enojados con alguien ahora mismo y le culpamos por herirnos, usemos esta enseñanza como nuestra primera herramienta y recemos por esta persona, aunque ella nos haya herido malamente.

Tú podrías preguntarte, ¿por qué rezamos por los que nos hieren? Bien, Jesús, que es el Hijo de Dios, sabe que esto va a ser bueno para nosotros. Cuando perdonamos a los que nos han herido y rezamos por ellos, actualmente nos sentimos mucho mejor por dentro que cuando mantenemos nuestros sentimientos heridos y el enojo por dentro.

Jesús también sabe que cuando rezamos por alguien que nos ha herido, podemos ayudar a esta persona también. Y esto es importante, porque esta persona probablemente está sufriendo por dentro también.

Cuando una persona hiere a alguien, usualmente es porque ellos mismos han sido heridos y están luchando con un montón de sentimientos malos. Pero si queremos hacer las cosas a la manera de Dios, Él puede sanar nuestro dolor y Él puede ayudar a la persona que nos hirió. Esta es una buena nueva, porque significa que todos nosotros podemos tener amor y paz en nuestras vidas y dejar de herir a otros.

Quizás tenemos que mantener una distancia segura de la gente que nos hiere, pero no debemos permitir que esto no nos deje rezar por esta gente.

Si hay alguien en tu vida que te ha herido, la próxima oración pude ayudar.

ORACIÓN

Querido Jesús, yo he estado culpando a (nombra la persona) por el dolor que he sufrido. Sé que he hecho cosas malas en el pasado. Por favor perdóname por mis cosas malas y ayúdame a perdonar a (nombra la persona). Por favor bendice a (nombra la persona) y sana su corazón, y por favor sana mi corazón también. Ayúdanos a todos nosotros a dejar de herir.

Gracias, Jesús.

Amén.

¿Puedes ver cómo la oración difunde amor? En nuestro mundo existe mucha tendencia a culpar a otros y mucho rencor. Cuando arremetemos a otros, esto solamente difunde más rencor y el culpar a otros y ciertamente no necesitamos más de esto en nuestras vidas.

Pero cuando hacemos un esfuerzo para dejar de culpar a otros y en vez rezamos por ellos, difundimos el amor de Dios. Y esto es bueno para todos nosotros. Aquí hay otra oración que a lo mejor te puede ayudar.

ORACIÓN

Querido Dios, por favor perdóname por culpar a otros por mi dolor. Por favor bendice a la gente que yo he estado culpando y sánalos de cualquier sufrimiento que yo les haya causado. También pido que me sanes a mí también y ayúdame a dejar de culpar a otros.

Amen.

Otra razón por la que culpamos o juzgamos a otros es que esto nos puede dar un sentimiento falso de ser mejores o más importantes que otros. Podemos pensar que somos superiores a ellos. Pero, ésta no es la manera de Dios y esto no funciona. Es una mentira. Si creemos esta mentira que nosotros somos más importantes que otra persona, esto actualmente termina por causarnos más dolor, porque perdemos nuestros sentimientos de paz y amor por dentro.

La verdad es que Dios quiere a cada uno de nosotros de la misma manera. La Biblia (Romanos 2:11) nos dice, "Dios no tiene preferencias por nadie". Es verdad. ¡En los ojos de Dios, todos somos iguales porque todos somos Sus hijos! Él hizo cada uno de nosotros y nos quiere a todos de la misma manera, así que tratar de menospreciar a otras personas y culparles por nuestros sentimientos malos nunca nos va a llevar a una vida de paz y felicidad. Ciertamente nunca nos va a hacer más importante que cualquier otra persona a los ojos de Dios. Actualmente estamos yendo contra Dios si hacemos este tipo de cosas.

Lo curioso sobre todo esto es que realmente somos importantes para Dios; no necesitamos menospreciar a otros para tratar de hacer que nosotros parezcamos o nos sintamos importantes. Dios nos hizo y nos quiere. Él tiene un gran plan para nuestras vidas. Jeremías 29:11 declara, "Porque yo sé los planes que tengo para ti, declara el Señor. Planes para prosperarte y no hacerte daño, planes para darte esperanza y un futuro".

Pensemos sobre esto por un momento. Dios nuestro Padre, nuestro Creador que nos quiere, tiene un plan para cada uno de nosotros. Él quiere darnos esperanza y un futuro. ¡Cuán asombroso es esto!

Me hace preguntar, sin embargo, ¿por qué no siempre parecemos creerlo? Quizás algunos de nosotros no nos demos cuenta de esta verdad o quizás es porque hemos estado culpando a Dios por nuestros problemas. Sé que es difícil hacer frente a ellos, pero algunas veces realmente culpamos a Dios por nuestras luchas. Está bien admitirlo si tú has hecho esto; muchos de nosotros hemos hecho eso.

Cuando yo estaba rezando sobre esto, Dios me llevó a algunos pasajes en la Biblia. El primer pasaje es Proverbios 19:3, que declara, "Por su propia necedad el hombre echa a perder su vida y luego contra el Señor se irrita su corazón".

Lo que este proverbio nos está contando es que a veces escogemos mal o tomamos malas decisiones y como resultado podemos empezar a tener problemas. Cuando esto ocurre, podemos inclinarnos a culpar a Dios por nuestros problemas. En vez de querer admitir que nuestros problemas pueden haber sido causados por nuestras propias acciones, nos enfadamos con Dios.

Recuerda, esto ha venido ocurriendo todo el tiempo desde Adán y Eva. Adán culpó a Dios por crear a la mujer, diciendo que ella le había dado el fruto a comer, pero Adán sabía que no debía comer el fruto. No fue la falta de Dios lo que ocurrió. Adán y Eva hicieron algo malo. Ellos escogieron comer el fruto. Ellos desobedecieron las instrucciones de Dios y esto les llevó a sus problemas.

A veces tenemos que admitir que escogimos mal y que pecamos. Eso es OK, porque Dios nos ayuda. Él no es la causa de nuestros problemas. La Biblia nos dice en Lamentaciones 3:33, "Él no se alegra en humillar y afligir a los hombres". Y el Salmo

46:1 dice, "Dios es nuestro refugio y fortaleza, una ayuda siempre presente en los problemas".

Ésta es la razón por la que Jesús vino a la tierra. Dios sabía que necesitamos Su ayuda para superar el culpar a otros y el pecado en nuestras vidas. Ésta es la razón por la que Él nos ha dado instrucciones para que podamos evitar esos escollos. Pero si caemos en pecado – y todos lo hacemos – Dios es nuestra ayuda para salir de eso.

Porque Dios nos quiere, Él quiere ayudarnos a superar nuestros problemas. Si podemos aprender a volver donde Él en vez de culparle, Él nos dará instrucciones claras sobre cómo salir de los líos en que nos hemos metido.

Dios no es nuestro enemigo, Él es nuestra única ayuda. Si estamos enojados con Dios sobre algo, debemos decirle por qué estamos enojados. Debemos compartir con Él cualquier cosa que esté en nuestros corazones y mentes. Es bueno para nosotros dar a Dios hasta los pensamientos y sentimientos más malos que tengamos. Él sabe lidiar con eso. Él quiere ayudarnos, pero debemos ser honestos con Él sobre nuestros pensamientos y sentimientos. Él nos ayudará a pasar de esto, pero todo empieza con la honestidad y la oración.

ORACIÓN

Querido Dios, estoy enojado y te he culpado. (Dile a Dios por lo que le has estado culpando). Por favor ayúdame a salir de este lío en que me encuentro. Por favor perdóname por culparte también. Te necesito Señor. Sé que Tus maneras son buenas y que Tú eres mi ayudante. Por favor ayúdame a eliminar este culpar a otros y enojo de mi vida, y por favor limpia mi corazón. Gracias, Señor Jesús.

Amén.

Una vez que has admitido a dios lo que has hecho mal y te vuelves a Él, en tu corazón entrará un sentimiento de paz y amor. Entonces es cuando sabremos y entenderemos, y realmente creeremos el mensaje de que Dios realmente nos ama. El aprender las maneras de Dios es emocionante para nosotros. Vivir de acuerdo a Sus caminos nos hará sentir muy bien, vivos y llenos de energía. Conociendo el amor de Dios nos llenará de tanta paz, que no querremos aferrarnos a esos sentimientos que nos quitan la paz. Por eso enfoquémonos en Dios y Su plan para nuestras vidas, en vez de pasar un minuto más aferrados al odio, enojo y el culpar a otros.

Cuando estaba rezando acerca de otras maneras cómo podríamos caer en culpar a otros, otra cosa me vino a la mente que quiero compartir contigo.

Todos deseamos saber que alguien se preocupa por nosotros y nos quiere. Y ahí es cuando muchos de nosotros nos equivocamos.

Esto es lo que quiero decir. A veces buscamos a otras personas para que nos llenen del amor que solamente Dios nos puede dar. Todos deseamos y necesitamos el amor de Dios, pero cuando vamos donde otra persona para que nos dé ese amor, esto podría causarnos y causar a ellas muchos problemas y dolor. ¿Cómo? Tarde o temprano vamos a descubrir que otras personas tienen las mismas flaquezas que nosotros, y que son tan imperfectas como lo somos nosotros. Cuando eso sucede, nos puede conducir a culparles porque no pueden darnos lo que necesitamos, y eso puede causar que sintamos enojo hacia ellas y las tratemos mal.

Mucha gente cae en este patrón de hacer amigos, y de tener relaciones, pensando, "Si puedo hacerles felices, me amarán, y todo estará bien". Esto puede conducir a un círculo destructivo y un sentido falso de amor, porque ninguna persona nos puede hacer felices y darnos todo el amor que necesitamos todo el tiempo. Solamente Dios puede hacer eso. Terminaremos por ser defraudados, al igual que la gente que nos rodea, siempre que pongamos nuestra relación con ellos por encima de nuestra elación con Dios.

No hay nada malo con tener amigos, o con hacer felices a las personas. Jesús mismo tenía amigos aquí en la tierra, y ciertamente nosotros podemos tener amigos también. Y debemos amar a otras personas. Jesús incluso nos instruye para que nos amemos unos a otros. Pero también nos dijo que hay algo muy importante que debemos hacer primero.

Jesús dijo, "Ama a Dios con todo tu corazón, con toda tu alma, y con toda tu fuerza, y con toda tu mente, y ama a tu prójimo como a ti mismo". (Lucas 10:27) De modo que primero, debemos amar a Dios y llenarnos de Su amor. Entonces, y sólo entonces, seremos capaces de amar a otros de manera sana y buena. Podemos tratar de amar a otra gente sin el amor de Dios, pero tarde o temprano nos encontraremos jugando el juego de culpar.

Si encontramos que nos preocupa más complacer a otros que seguir las maneras de Dios, o si pensamos que el amor de otras personas es lo más importante en nuestras vidas, eventualmente nos haremos daño y les haremos daño a ellas. Si estamos estancados en este patrón ahora, lo primero que debemos hacer es volvernos hacia Dios, porque Él puede parar el ciclo. Aquí hay una oración para ayudarnos a hacer esto.

ORACIÓN

Querido Dios, por favor perdóname por poner a otra gente en Tu lugar. Tu amor es lo que realmente necesito, Señor. Por favor lléname de Tu Amor para que yo pueda amar a otros a Tu manera. Ayúdame a volverme hacia Ti con todo mi corazón.

Amén.

Hasta ahora, hemos descubierto las razones por las cuales existe el culpar a otros en nuestro mundo y en nuestras vidas. También hemos visto algunas razones diferentes por las que culpamos a otros, y cómo eso nos afecta. ¿Qué otras cosas debemos aprender?

Los próximos capítulos de este libro explorarán las enseñanzas de Jesús para ayudarnos a sobrepasar los tipos de problemas de los que hemos estado hablando. También veremos las maneras cómo podemos protegernos del culpar a otros y el pecado en nuestras vidas estudiando ejemplos reales de la vida. A medida que nos adelantemos en los próximos capítulos, por favor mantén estas palabras de Jesús en tu mente y en tu corazón. Te ayudarán, y también te darán la fortaleza para enfrentarte a cualquier cosa por la que estés pasando.

Podrías encontrar de ayuda decir en voz alta el próximo verso.

Palabras de aliento de Jesús

Juan 16:33 – Les he dicho estas cosas para que tengan paz en mi. Van a tener que sufrir mucho en este mundo. Pero, ¡anímense! Yo he vencido al mundo.

Jugadores clave

¿Recuerdas cómo en Jeremías 29:11, Dios dijo que tenía un plan para nosotros? Bien, Dios sabe que Sus planes son buenos para nosotros y para la gente que nos rodea. Dios sabe también que si buscamos vivir Su plan para nuestras vidas, tendremos paz y nos sentiremos satisfechos por dentro, porque estaremos haciendo lo que Dios nos creó para que hagamos.

Efesios 2:10 nos dice, "En efecto, lo que somos es obra de Dios: nos ha creado en Cristo Jesús, para que hagamos las buenas obras preparadas desde antes para que las hiciéramos".

¡Éstas son buenas noticias! Dios tiene tantas cosas buenas reservadas para nosotros. Él quiere lo que es mejor para nosotros, pero no podemos llegar a ellas si tenemos odio, si culpamos a otros y si tenemos enojo por dentro de nosotros. Aferrarse a estos sentimientos nos hará daño y hará daño a otros, y recuerda, la meta final de Dios es traernos de nuevo a un lugar de paz y amor.

Esa es la razón por la que Jesús vino a ayudarnos. Él sabe que podemos tener paz y amor, pero para lograrlo debemos seguirle. Podemos empezar siendo honestos con nosotros mismos y con Dios acerca de los pensamientos y sentimientos a los que nos aferramos. Jesús mismo nos dijo, "Si se aferran a mis enseñanzas, ustedes son realmente mis discípulos. Entonces conocerán la verdad y la verdad les hará libre". (Juan 8:31-32)

Siendo honesto acerca de nuestras actitudes y nuestros pensamientos puede ayudar a encarrilar nuestras vidas de nuevo, y a caminar con Dios. Caminar con Dios tiene que ver con la manera como vivimos nuestras vidas: el tipo de cosas en las que pensamos, y las actitudes que tenemos hacia nosotros mismos y hacia otros. Cuando caminamos con Dios tenemos un profundo sentimiento de paz.

Sin embargo, cuando estamos en el camino erróneo podemos sentirnos ansiosos, temerosos y preocupados. Esos sentimientos son una indicación de que esos pensamientos no son la clase de pensamientos que nos conducen a llevar a cabo el buen plan que Dios tiene para nuestras vidas. Nuestras actitudes acerca de nosotros mismos y otros podrían necesitar algunos ajustes también.

Lo mejor que podemos hacer es volvernos a Dios y dejarle saber la clase de pensamientos y sentimientos que estamos teniendo. Podríamos encontrar que tenemos sentimientos de enojo todo el día, o nos damos cuenta de que nuestros sentimientos han estado centrados en lo que otra gente ha dicho o nos ha hecho a nosotros.

Cuando descubrimos que nuestros pensamientos no están alineados con las enseñanzas de Jesús, no debemos descorazonarnos, porque estar consciente de esto es una gran herramienta para nosotros. Nos ayudará a volverá al camino para seguir las maneras de Dios.

Si sabes que algunos de tus pensamientos y sentimientos no son los que Dios querría que pensaras o sintieras, lo primero que debes hacer es rezas. Pidamos a Dios ahora que nos muestre la verdad acerca de nuestros pensamientos y actitudes para que podamos cambiarlas y permitir que Dios nos conduzca a los sentimientos y pensamientos de paz y amor.

ORACIÓN

Querido Dios, por favor ayúdame a cambiar cualquier cosa en mi vida que no te agrade. Perdóname y ayúdame a ver la verdad acerca de mis actitudes y pensamientos para que Tú puedas realmente hacerme libre. Ayúdame a pensar Tus pensamientos y a cambiar mis actitudes, de modo a que pueda encontrar paz no sólo para mí sino para toda la gente que me rodea.

Amén.

Después debemos pedir a dios que nos ayude a ser un jugador clave. En un equipo, un jugador clave es un jugador que el resto del equipo, desde el entrenador hacia abajo, conoce que pueden contar con él. Cuando el juego está en línea, un jugador clave es aquél que todos esperan que haga una gran jugada.

Pero ser un jugador clave no se limita a los deportes. En la vida, un jugador clave es alguien que dice la verdad y cumple lo que ofrece, aunque eso no sea fácil. Los jugadores clave hacen lo que dicen que van a hacer, y lo hacen con una buena actitud.

Jesús dijo, "Simplemente deja que tu sí sea un sí y tu no sea un no". (Mateo 5:37) ¿Qué quiso decir Jesús con eso? En parte, tiene que ver con nuestro carácter, en otras palabras, la clase de persona que somos.

Imagina que le pides a dos amigos-llamémosles Daniel y Sara- que se encuentren contigo en cierto lugar a cierta hora. Daniel dice, "Prometo estar ahí, a tiempo, lo juro. Puedes contar conmigo". Sara simplemente dice, "Sí, voy a estar ahí".

Pero cuando llaga el tiempo, solamente Sara está ahí. Daniel nunca llega. Más tarde te dice que se olvidó.

¿Quién actúo mejor en esa situación, Daniel o Sara? Desde luego, Sarah. ¿Por qué? Porque ella cumplió lo que dijo que iba a hacer. Esto se llama también ser confiable.

¿Y Daniel? Bien, sus palabras eran mucho más fuertes que las de Sara; él prometió que estaría ahí. Pero como no cumplió su promesa, eso no significa mucho, ¿no es así?

Cuando no cumplimos con lo que decimos que vamos a hacer, eso nos puede hacer sentir mal acerca de nosotros mismos, y puede hacer que otros se sientan mal cuando están dependiendo de nosotros. Por eso es que Jesús quiere que nuestro sí sea un sí, y nuestro no sea un no. Todas las promesas en el mundo no harán bien a nadie si no las cumplimos. Lo mejor es decir un simple "sí" o "no" y cumplir que hacer promesas grandes que no podemos cumplir.

Cuando siempre cumplimos con lo que decimos que vamos a hacer, creamos algo que se llama integridad. Las palabras que decimos llevan peso. La gente sabrá que cuando decimos "sí" lo decimos en serio, y ellos pueden confiar en nosotros. Sabrán que somos jugadores clave.

Jesús es un gran ejemplo. Es el mejor jugador clave que existe. Su palabra es verdad y podemos confiar en Él. Él dice en serio lo que dice y lo que dice es en serio. Cuando seguimos Sus caminos, Jesús abre puertas para nosotros y nos ayuda a ser los jugadores clave que Él creó para que fuéramos.

¿Qué pasa si no hemos sido jugadores clave hasta ahora? ¿Podemos realmente cambiar las cosas en nuestras vidas? Con la ayuda de Dios, sí podemos. Aunque no hayamos cumplido con nuestra palabra en el pasado, incluso si hemos hecho promesas y no las hemos cumplido, Dios nos puede ayudar a cambiar todo ahora mismo. Podría tomar tiempo para que otra gente cambie la opinión que tiene acerca de nosotros, especialmente si les hemos defraudado repetidamente. También podríamos necesitar ganar confianza en nosotros mismos, porque sabemos que no siempre fuimos confiables en el pasado.

Sin embargo, no estamos estancados; de hecho con la ayuda de Dios, ¡podemos cambiar las cosas ahora mismo! Y cuando la otra gente empieza a notar que estamos actuando, pensando y sintiendo mejor, ellos podrían desear pedir a Dios que les ayude con sus vidas también.

Si sabemos que nuestro carácter no es lo que Dios quiere que sea, si nuestro sí no es en serio, y si nuestro no no significa no, entonces la siguiente oración puede ayudar.

ORACIÓN

Querido Dios, por favor ayúdame a tener un mejor carácter. Quiero obedecerte y hacer cosas a tu manera. Voy a necesitar ayuda con esto, porque ahora mismo no soy muy confiable., pero sé que me puedes ayudar a arreglar esto. Ayúdame a ser el jugador clave que me hiciste para que fuera. Gracias, Padre.

Amén.

Si encuentras que esto es difícil para hacer, recuerda las palabras de aliento de Jesús.

Juan 16:33 - Les he dicho estas cosas para que tengan paz en mi. Van a tener que sufrir mucho en este mundo. Pero, ¡anímense! Yo he vencido al mundo.

Elemento de cambio del juego

Cuando trabajaba en este libro, mi esposo trajo un video a casa titulado Undefeated (Sin Derrotar). Este documental se trata de un entrenador de fútbol de la vida real en una escuela secundaria llamado Bill Courtney. Él se preocupaba tanto por su equipo y sus jugadores que ayudó a cada jugador individual a desarrollar carácter, usando la pelota como herramienta. Él hizo esto poniendo las enseñanzas de Jesús en práctica en el juego, y enseñó a sus jugadores cómo aplicar esas mismas lecciones en sus vidas diarias.

Uno de los mensajes más importantes que el entrenador Courtney compartió fue que el carácter de la persona no se revela en la victoria, sino en la derrota. El entrenador Courtney dijo, "Nuestro verdadero carácter se da a conocer más claramente cuando la suerte está echada - cuando estamos perdiendo y cuando las cosas no van bien; entonces es cuando revelamos la clase de persona que realmente somos".

Es fácil ser bueno, y generoso y alegre, cuando todo va muy bien. Como el entrenador Courtney enseñó a sus jugadores, todo el mundo puede manejar ser campeón, pero no todos pueden perder y quedarse con el carácter intacto. Cuando estamos ganando y las cosas están bien, desde luego nos sentimos bien acerca de nosotros mismos. Todo parece maravilloso, y es fácil estar feliz y tener una gran actitud en esos momentos.

Pero cuando estamos perdiendo y las cosas no van tan bien, ya sea en un juego o en nuestras vidas, no es tan fácil mantener nuestro buen carácter. Podría ser que no tratemos a nosotros mismos y a otros de la manera que debemos. Peor aún, podríamos empezar a culpar a otros por nuestras actitudes de derrota.

En un punto en el video, el equipo del entrenador Courtney había perdido muchos juegos. Muchos de los jugadores también tenían problemas personales con los que tenían que lidiar. Algunos estaban lesionados, otros tenían problemas en la casa con la familia. Vimos a muchos de los jugadores luchando con mucha angustia emocional, y eso causaba que tomaran decisiones pobres. Algunos estaban peleando con sus compañeros de equipo también. Es muy difícil pensar y actuar bien cuando todo nuestro enfoque es en las cosas malas en nuestras vidas. Y cuando malas coas están pasando, es muy fácil enfocar en esas cosas malas, al punto que tal parece que no podemos pensar en otra cosa.

Durante estos momentos, el entrenador Courtney a menudo rezaba con sus jugadores. Él siempre les recordaba que mantuvieran un buen carácter siguiendo las enseñanzas de Jesús. Ellos hacían eso cuando actuaban correctamente siempre, sin importar qué, y tratando bien a los otros, sin importar cómo los otros les trataran. El entrenador enseñó a sus jugadores que dejaran de culpar a otros por sus problemas, y les alentaba para que mantuvieran sus ojos en Dios.

También vimos lo difícil para hacer que esto era para algunos, especialmente cuando tenían que lidiar con tantos problemas. Pero el entrenador Courtney seguía recordándoles lo bueno que Dios es. Vimos a los jugadores empezar a enfocar en las cosas buenas que él les estaba diciendo en vez de en sus problemas. Y vimos a Dios bendiciendo a estos jugadores. Vimos a Dios haciendo cosas asombrosas en las vidas de estos muchachos. Fue asombroso ver a Dios transformando a estos hombres jóvenes en grandes jugadores con un gran carácter.

El entrenador Courtney tuvo un gran impacto en las vidas de estos jugadores, pero todo lo que él realmente hizo fue hablar las palabras de Dios a sus jugadores y enseñarles las maneras de Jesús. No parece mucho, pero ese fue el elemento de cambio del juego para todos. Cuando los muchachos pudieron enfocar en las cosas buenas en sus vidas y poner estas enseñanzas en práctica, tanto sobre el terreno del juego como fuera, ellos pudieron sobreponerse a los problemas, tomar mejores decisiones y tratarse mejor unos a otros.

Esto fue muy alentador porque mostró claramente que las maneras de Dios funcionan, y que cualquiera de nosotros puede seguirlas. Es fantástico ver a Dios trabajando en nuestras vidas cuando nos volvemos a Él. Los caminos de Dios son para todos nosotros. Siempre que nos volvamos a Él podremos vivir una vida llena de victoria también.

A medida que estudiamos el carácter de Jesús, descubrimos unas cuantas cosas interesantes acerca de Él. ¿Sabías que cuando la gente trataba mal a Jesús y cuando le culpaban por las cosas, Él nunca les amenazó? En cambio, Él rezaba para que Dios perdonara a la gente que le había hecho daño. Incluso cuando la gente estaba poniendo a Jesús a la muerte, Él rezó, "Padre, perdónales porque no saben lo que hacen". (Lucas 23:34)

¿Cuántas veces hemos hecho cosas en nuestras vidas o hemos tomado decisiones que hacen daño a nosotros mismos y a otros sin siquiera darnos cuenta? Ésta es una pregunta importante. Puedo recordar momentos en mi vida cuando no hice las cosas a la manera de Dios. Siempre estaba temerosa y estaba luchando con muchas emociones malas. Estaba ansiosa y temía que no estaba haciendo todo perfectamente. Esto me causó tanto estrés que tenía muy mal humor. Estallaba con la gente y decía cosas crueles sin darme cuenta de lo mal que estaba tratando a los otros. Sabía que estaba estresada pero no me daba cuenta de lo mal que estaba tratando a los que me rodeaban.

En esos momentos, tenía rasgos malos de carácter. (Hablaré más de esto en la sección del libro titulado "Me rindo"). Pero cuando empecé a vivir las enseñanzas de Jesús y las puse en práctica, me asombré de lo mejor que se puso mi vida.

No quiero dejarles con una impresión falsa de que una vez que empezamos a seguir a Dios, todos nuestros problemas van a desaparecer mágicamente. Cuando leemos la Biblia, está claro que los problemas son simplemente una parte de la vida de todos.

Sí, todos tenemos problemas, pero cuando nos volvemos a Dios, algo especial nos sucede. La paz entra a nuestros corazones. Eso es exactamente lo que me pasó. El temor que tenía antes ya no me controlaba. La ansiedad y la inquietud parecía que se habían desvanecido. Mientras más aprendía acerca de Jesús, y mientras más seguía sus enseñanzas en la Biblia, más paz sentía.

Mientras más paz sentía, más calmada era mi conducta, y empecé a tratar mejor a otros. Ni siquiera había estado consciente de lo cruel que había sido hacia otras personas en ocasiones hasta que recibí esta paz. Ciertamente no estaba libre de problemas, pero sabía en mi mente y en mi corazón que yo estaba bien, porque Dios me amaba verdaderamente, y yo sabía que Él estaba conmigo. Y eso me ayudó a estar más calmada y a preocuparme más por los que me rodeaban.

Realmente quise compartir esto contigo, porque de la misma manera que Dios ayudó a ese equipo de fútbol en Undefeated, y de la misma manera que me ayudó, Él te puede ayudar también. Jesús es para todos; Él nos puede ayudar a todos. Él realmente sabe de lo que está hablando. Él es el Hijo de Dios, y todos somos prudentes en aprender de sus enseñanzas, y aplicarlas en nuestras vidas.

¡Si estás luchando con emociones negativas ahora mismo que te están haciendo daño, éstas podrían estar haciendo daño a otros también. La siguiente oración podría ayudar.

ORACIÓN

Querido Dios, he estado luchando con (explica tu problema). Puedo ver que esto me está haciendo daño y podría estar haciendo daño a los que me rodean también. Por favor perdóname, Señor, y por favor sana a cualquiera a quien haya hecho daño. Ruego para que me ayudes a sobreponerme a este problema en mi vida. Ayúdame a aprender y vivir Tus maneras.

Amén.

No olvidemos nunca las palabras de aliento de Jesús:

Juan 16:33 – Les he dicho estas cosas para que tengan paz en mi. Van a tener que sufrir mucho en este mundo. Pero, ¡anímense! Yo he vencido al mundo.

El entrenador

En deportes, la mayoría de nosotros no puede ir al bate y empezar a batear jonrones sin haber practicado, y ciertamente no podemos entrar a un campo de fútbol y esperar hacer un "touchdown" sin entrenamiento. A menos que tengamos entrenamiento y práctica, no vamos a desarrollar nuestras habilidades. Así es como eso funciona.

Cuando queremos aprender cómo hacer algo, y hacerlo bien, usualmente necesitamos un entrenador. Un entrenador es alguien que nos alienta, cree en nosotros y nos ayuda a desarrollar nuestras destrezas. Un buen entrenador quiere ayudarnos a jugar bien, y a ser bueno con nuestros compañeros de equipo y con los oponentes también. Un entrenador nos vigila, nos enseña cómo hacer las cosas e identifica nuestros puntos fuertes y débiles. Uno pasa mucho tiempo con un entrenador porque quiere que tengamos éxito. Los entrenadores buenos nos ayudan a ser las personas mejores que podemos ser en el juego y en la vida.

Bien, ¿no es eso lo que Dios quiere para nosotros también? Sí, lo es, y Dios puede ser nuestro entrenador en nuestras vidas diarias, si simplemente abrimos nuestros corazones a Él.

Antes de pasar a eso, hablemos un poco más acerca de los entrenadores. Usaremos un equipo de fútbol como ejemplo. En un equipo de fútbol, está desde luego el entrenador principal. Pero también hay otros entrenadores, para ofensa, defensa y otros. Además hay el libro de jugadas que contiene todas las jugadas que se supone que los jugadores aprendan. Todas esas cosas se necesitan para hacer un buen equipo.

Bien, si Dios es nuestro entrenador, la Biblia es como el libro de jugadas. Contiene la Palabra de Dios, que podemos leer y de la que podemos aprender y usar en nuestras vidas diarias.

Mucho de lo que se encuentra en la Biblia viene directamente de Jesús - las enseñanzas que dio a Sus seguidores cuando estaba aquí en la tierra. Jesús vino aquí para enseñarnos cómo vivir de acuerdo a las maneras de Dios. Nos enseñó a servir a Dios y a unos a otros, y Él nos enseñó cómo rezar. Él nos sanó.

Las palabras de Jesús están contenidas en la Biblia, y esas son buenas noticias, porque eso significa que hoy día podemos aprender Sus caminos. ¿Por qué eso es tan importante? Porque Jesús nos ha dado muchas enseñanzas para ayudarnos con nuestros problemas. Estamos viviendo en el Siglo Veintiuno, pero los problemas que enfrentamos se han mantenido igual a través de la historia de la humanidad. Todos luchamos en nuestras relaciones a veces, todos nos enfermamos y todos nos inquietamos acerca de cosas.

Por eso la Biblia es relevante a todo lo de nuestras vidas hoy día. Por todo eso, Dios es nuestro entrenador, para ayudarnos a ser personas mejores y a vivir vidas mejores.

Hemos hablado mucho acerca de Dios y de Jesús el Hijo de Dios, pero, ¿sabías que hay un tercer aspecto de Dios llamado el Espíritu Santo? Para ayudarte a entender cómo puede ser esto, piensa en un triángulo. Tiene tres lados, pero esos tres lados hacen un triángulo.

Esa no es una buena descripción, pero Dios es algo así. Dios es un solo Dios. Pero dentro de ese Dios hay el Padre, Hijo y el Espíritu santo. Así que el Padre, Hijo y Espíritu Santo hacen nuestro único verdadero Dios.

Sé que esto puede ser difícil de entender. Los teólogos-gente que pasa su vida estudiando y pensando acerca de Dios-han estado tratando de entender y explicar esto por cientos de años. Pero la cosa importante que debemos saber es que aunque hay estas tres personas dentro de Dios, sigue habiendo un solo Dios, y no hay otro Dios sino Él. Por eso es que la Biblia (Deuteronomio 6:4) dice, "Escucha Israel: El Señor nuestro Dios, el Señor es uno".

Así que aprendamos de estos tres aspectos de Dios. Como sabemos, Dios envió a Su Hijo Jesús a la tierra para vivir entre nosotros. Cuando caminaba por la tierra, Jesús enseñó a la gente todo acerca de Dios. Compartió comidas con la gente, pasó tiempo con sus amigos, compartió historias con otros y sanó a la gente que los médicos no podían ayudar. ¡Jesús devolvió la vida a los muertos! Fue un tiempo realmente asombroso. Y podemos leer acerca de todos estos eventos en la Biblia.

A medida que Jesús seguía enseñando y ayudando a la gente, más y más gente empezó a seguirle. Pero no todos; hubo alguna gente que estaba muy celosa de Jesús. De hecho, tan celosa que hicieron un plan para que lo mataran.

Jesús sabía lo que esta gente estaba pensando hacer, pero no trató de evitar que pasara. Él sabía que esto era parte del plan de Dios. La razón por la que él sabía todo esto era porque Él es Hijo de Dios, y Dios el Padre, el Hijo y el Espíritu Santo son todos uno.

Por eso la Biblia nos dice, "desde entonces, Jesús empezó a explicar a sus discípulos que tenía que ir a Jerusalén y que las autoridades judías, los sumos sacerdotes y los maestros de la Ley lo iban a hacer sufrir mucho. Les dijo también que iba a ser condenado a muerte y que resucitaría al tercer día". (Mateo 16:21)

Y eso es exactamente lo que pasó. Jesús fue matado clavado a una cruz de madera. Pero en el tercer día después de que lo mataron Jesús volvió a la vida (resucitó), como había prometido.

Después de que Jesús resucitara, Él visitó a Sus amigos y compartió con ellos unas noticias importantes. Les dejó saber que no podría estar con ellos por más tiempo, y que se iría para estar con el Padre en el Cielo.

Los amigos de Jesús estaban muy tristes cuando escucharon esto. Ellos no querían que Jesús se fuera. Pero Jesús les dijo (Juan 16:7), "Les digo la verdad: es por su propio bien que me voy. A menos que me vaya, el Consejero [el Espíritu Santo] no vendrá a ustedes, pero si me voy se los enviaré a ustedes".

Aunque los discípulos estaban tristes porque Jesús tenía que dejarlos, ellos estuvieron emocionados y contentos cuando escucharon las noticias acerca del Espíritu Santo. Y después de que Jesús dejara la tierra para volver al Padre, el Espíritu Santo de Dios vino a los discípulos y los llenó de alegría y amor. Ellos entonces salieron y fueron a difundir las buenas noticias acerca de Jesús, y el Espíritu Santo les permitió ayudar, enseñar y sanar a la gente también.

Así que puedes ver que Dios nos ama tanto que nunca quiere estar separado de nosotros, y porque Dios nos ama, nos ha dado Su Espíritu Santo. En la Biblia. El Espíritu Santo se conoce también como el Ayudante, el Consolador y el Consejero. Por eso el Espíritu es nuestro propio entrenador que vive dentro de todos y cada uno de nosotros ahora mismo. Por eso es que en la Biblia se dice (1 Corintios 6:19) "¿No sabes que tu cuerpo es el templo del Espíritu Santo, que habita en ti, y que has recibido de Dios? Tú no perteneces a ti mismo, sino que has sido comprado a un gran precio. Por lo tanto honra a Dios con tu cuerpo".

Este pasaje nos dice un par de cosas. Primero, fuimos "comprados a un gran precio". Eso se refiere a Jesús. Él nos salvó del pecado, y pagó con Su propia vida.

Segundo, el Espíritu de Dios está dentro de cada uno de nosotros, para ayudarnos en nuestra vida diaria. ¿Cómo nos ayuda el Espíritu? Jesús nos dice en Juan 14:26, "Pero el Consejero, el Espíritu Santo, que el Padre enviará en mi nombre, les enseñará todas las cosas y les recordará todo lo que les he dicho".

Leyendo esto, algunos de nosotros nos preguntaremos, entonces, ¿por qué mi vida es un lío? Si ya tengo el Espíritu dentro de mí, ¿por qué sigo luchando con culpar a otros, enojo y problemas del carácter? Bueno, esa es una buena pregunta, pero la contestación es simple. A veces en la locura de la vida nos olvidamos de aprender, escuchar y practicar las maneras de Jesús.

Recuerda que Jesús dijo a Sus amigos: "El Espíritu les recordará todo lo que les he dicho". Por eso es tan importante aprender acerca de Jesús y Sus palabras para nosotros. Es muy difícil recordar algo que nunca aprendimos en primer lugar. Pero aprendemos cuáles son las maneras de Dios, el Espíritu nos recordará esas maneras y podremos tomar mejores decisiones en nuestras vidas.

Pero qué pasa si tenemos problemas ahora mismo y no sabemos cuáles son las maneras de Dios, ¿hay alguna esperanza? Sí, la hay. Dios está siempre ahí y está siempre con nosotros. Él ayudará a cualquiera que se vuelva a Él. Si nos encontramos en este tipo de situación ahora, lo mejor que podemos hacer es dejar saber a Dios que lo queremos en nuestros corazones y vidas. Dios nos ama tanto que nunca quiere forzarnos en cualquier cosa. Él aguarda pacientemente para que le invitemos a entrar. Una vez que hacemos esto, cosas poderosas pasarán en nuestras vidas.

Y la mejor parte es que una vez que hayamos invitado y aceptado a Dios en nuestras vidas, viviremos con Él en una relación fantástica. Incluso cuando nuestro cuerpo muere, todavía podremos vivir con Dios por siempre, porque Dios mismo es por siempre, y Él nunca quiere separarse de nosotros.

¡Eso es grandioso! ¿Pero cómo hacemos todo esto? De nuevo, es por la oración. Podemos pedir a Dios que entre a nuestras vidas y corazones, y Él lo hará. Al invitar a Dios para que entre, abrimos la puerta para que Él empiece a ayudarnos a empezar a vivir en Sus caminos y a vivir el plan que Él tiene para nuestras vidas. La Biblia nos dice: "En efecto lo que somos es obra de Dios: nos ha creado en Cristo Jesús para que hagamos las buenas obras que dispuso desde antes para que nosotros las hiciéramos". (Efesios 2:10) ¡Dios tiene planes impresionantes para nosotros!

Si estás listo y quieres invitar a Dios a tu corazón y tu vida y empezar a vivir el plan impresionante que Él tiene para ti, la siguiente oración podría ayudar. .

ORACIÓN

Querido Jesús, gracias por morir por mí y volver a la vida por mí. Creo que eres el Hijo de Dios. Por favor perdóname por todas las cosas malas que he hecho. Quisiera aprender tus maneras. Por favor entra a mi corazón y mi vida. Por favor lléname con tu Espíritu Santo y ayúdame a vivir en Tus maneras. Muchas gracias, Jesús.

Amén.

Dios está muy contento porque dijiste esa oración. Ahora recuerda, todos tus problemas no van a desaparecer mágicamente. Podrías seguir teniendo que enfrentarte a emociones malas y te puedes encontrar luchando con problemas a veces. Pero debes saber que Dios está contigo, y que nunca caminarás solo.

Habiendo invitado a Dios a entrar en nuestras vidas, estamos bien encaminados a ser gente de buen carácter. Es bueno saber que tenemos el entrenador más sabio dentro de nosotros, que nos conducirá y nos entrenará en la manera de Dios.

Y sí, verás cambios positivos en tu vida una vez que has aceptado a Dios en tu corazón. El Apóstol Pablo habla acerca de esto en la Biblia, cuando habla del "fruto del Espíritu". En su carta a los Gálatas (5: 22-23), Pablo escribe que "el fruto del Espíritu es amor, alegría, paz, paciencia, generosidad, bondad, fidelidad, gentileza y control de sí mismo".

Leyendo estas palabras me hace sentir que quiero ese fruto del Espíritu en mi vida. Deseo más amor, alegría, paz, paciencia, bondad, fidelidad, gentileza y control de mí misma. Desearía mucho más tener esos en vez del enojo, culpar a otros, juzgar y odiar. El fruto del Espíritu suena tan tranquilo y amoroso. ¡Y las buenas noticias son que Dios no va a ayudar a desarrollarlos todos!

Es tan bueno darnos cuenta de que podemos llegar a ser gente muy buena con la ayuda de Dios. Pero de la misma manera que un atleta no se convierte en una súper estrella de la noche a la mañana, nosotros necesitamos entrenamiento y práctica para desarrollar nuestro carácter. Nos encontraremos en situaciones muy difíciles, y podremos enfrentarnos a muchos problemas, pero debemos ver eso como oportunidades perfectas para practicar y entrenarnos en cómo manejar los problemas a la manera de Dios. No lo haremos perfectamente cada vez, pero a la larga tendremos éxito, porque ya no estamos solos por cuenta propia. Tenemos a Dios listo para ayudarnos y entrenarnos a través de cualquier cosa, cada día de nuestras vidas. Aquí hay una oración para empezar.

ORACIÓN

Querido Dios, por favor ayúdame a manejar mis problemas a Tu manera. Ayúdame a ver mis problemas como oportunidades para servir a ti y a otros, para que yo pueda hacer lo que es correcto. Gracias, Dios.

Amén.

Y no perdamos de vista las palabras de aliento de Jesús:

Juan 16:33 – Les he dicho estas cosas para que tengan paz en mi. Van a tener que sufrir mucho en este mundo. Pero, ¡anímense! Yo he vencido al mundo.

"I Quit!"

Es malo ser uno que se rinde o que abandona algo, ¿cierto? Bien, A veces.

Abandonar algo no siempre es una cosa mala. Quizás has escuchado a un adulto decir que va a abandonar el hábito de fumar o dejar de hacer algunas otras cosas que no eran buenas para ellos o sus familias. Ese tipo de abandono es bueno. Cuando hacemos cosas que perjudican a nosotros o a nuestros seres queridos, debemos dejar de hacerlas.

Pero hay otro tipo de abandono que no es tan bueno, y es el tener una actitud de abandono o de rendirse. Una actitud de rendirse o abandono es querer dejar de hacer algo. Incluso algo importante y bueno, porque simplemente ya no tienes ganas hacerlo. Ese es el tipo de abandono que trataremos en este capítulo.

Una de las mejores maneras para desarrollar nuestro carácter es perseverar. Eso quiere decir seguir trabajando para lograr tus metas, incluso cuando sentimos que queremos abandonarlo. La Biblia (Romanos 5:3-4) dice, "Nos sentimos animados en nuestros sufrimientos porque sabemos que el sufrimiento produce perseverancia, y la perseverancia [produce] carácter y el carácter [produce] esperanza".

Muchos de nosotros desearíamos abandonar algo si nos hace sufrir. ¿Pero qué pasa si abandonarlo es la cosa incorrecta para hacer? La Biblia es clara en cuanto a que debemos seguir haciendo lo correcto, incluso si tenemos que sufrir por ello, porque eso desarrollará el carácter, y nos conducirá a la esperanza. Incluso cuando es incómodo o difícil, entonces, siempre debemos hacer lo correcto.

Quisiera compartir un ejemplo de mi vida que me enseñó acerca de la perseverancia, desarrollo del carácter y esperanza en Dios.

Tengo una buena amiga con quien me reúno alrededor de una vez al mes. La llamaré Michelle. Ocurría que cuando nos veíamos, a veces nos quejábamos de alguna de la gente en nuestras vidas. Escogíamos cosas que no nos gustaban de ellos y las culpábamos por nuestros problemas. Decíamos cosas como, "¿Puedes creer que tal o cual me dijo esto?" ¿Quién se cree ella que es? Y decíamos cosas que no eran tan buenas acerca de esta gente.

Sabíamos que esa no era la manera de Dios, pero no pensábamos mucho acerca de eso; si lo hubiéramos hecho, nunca hubiéramos hecho esas cosas. Así que que Michelle y yo seguimos quejándonos y culpando a otros cuando nos reuníamos. Esto no hacía que Dios estuviera muy contento, porque estábamos diciendo cosas malas acerca de la gente que Dios creó y a quien Él ama.

La Biblia está clara en cuanto a que Dios disciplina a sus hijos cuando no siguen Sus caminos. Es claro también que Dios hace esto porque nos ama. La Biblia nos dice en Proverbios 3:11-12, "No rehúses, hijo mío, la disciplina del Señor, ni te enojes cuando Él te castigue, porque el Señor disciplina a los que ama, [de la misma manera] que un padre [disciplina] a su hijo a quien ama".

Bien, Dios de hecho disciplinó a Michelle y a mí, de modo realmente malo. Una noche Dios me hizo saber que lo que estábamos haciendo lo defraudaba.

Le dije a Michelle el mensaje que había recibido de Dios, y ambas reaccionamos de manera diferente. Yo no tomé la disciplina de Dios muy bien. Sin embargo, Michelle hizo lo correcto en esta situación.

Esto es exactamente lo que pasó. Una noche tuve un sueño, y en el sueño Dios me mostró todos Sus hijos que iban a estar con Él. En este sueño, Michelle y yo estábamos sentadas en un banco, y yo le dije, "espera, Él nos va a invitar para que entremos también". Yo estaba muy emocionada pensando que Michelle y yo seríamos invitadas para estar con Dios, pero nada pasaba. Toda esta gente estaba entrando para estar con el Señor, pero a nosotros se nos dejaba en el banco. Yo llamé a Dios y dije, "¿Y qué pasa con nosotras?" Él me contestó, ¿Y sabes lo que dijo? Sus palabras fueron, "Has sido muy criticona y has juzgado mucho y no me gusta".

¡Me chocó! ¡No podía creer lo que había escuchado! Esto me causó mucho sufrimiento, y no lo manejé muy bien. La Biblia nos dice que nos regocijemos en nuestros sufrimientos-pero en vez de regocijarme o estar agradecida de Dios, y aceptar Su disciplina, hice exactamente lo opuesto. Me enojé mucho con Dios. En vez de disculparme por la manera como me estaba portando, culpé a Dios por ser cruel conmigo. Yo debía haber estado haciendo lo que la Biblia nos dice que debemos hacer, pero en cambio estaba culpando, juzgando y criticando. Esto no era bueno.

Entonces pasé de estar enojada con Dios a sentirme muy triste. Sentí que Dios me estaba rechazando. Era terrible. Debí haber estado agradecida por Su mensaje para mí. Debí haber perseverado y admitir mi error y seguir adelante con Dios. Recuerda la Biblia es clara en cuanto a que Dios nos disciplina por Su amor por nosotros, del mismo modo que un padre disciplina a su hijo cuando éste se porta mal. Eso es exactamente lo que Michelle y yo habíamos hecho; estábamos portándonos mal, y Dios se había hartado de eso. Él tenía que disciplinarnos.

Cuando le conté mi sueño a Michelle-cómo no habíamos sido invitadas a estar con Dios, y Su mensaje para nosotras- ¿sabes lo que ella hizo? Ella hizo exactamente lo que la Biblia le dijo que hiciera. Ella le dio gracias a Dios por dejarle saber que no estaba contento con su conducta. Ella perseveró y le dijo a Dios que haría todo lo necesario para cambiar la manera de actuar. Michelle quería seguir adelante con Dios. Michelle mostró un gran carácter en esa situación. Su disposición para cambiar su manera de actuar condujo a que Michelle tuviera esperanza de que Dios la iba a enseñar y la iba a ayudar a ser una mejor persona.

Desearía poder decir lo mismo acerca de mí misma, pero yo estaba haciendo exactamente lo opuesto de lo que la Biblia dice. Primero, culpé a Dios por ser cruel conmigo, luego sentí´ lástima por mí misma, y adopté una actitud de abandono. No podía entender la respuesta de Michelle. Ella parecía estar tan feliz.

Así que en vez de motivarme para cambiar, y perseverar como Michelle había hecho, empecé a pensar, "Siempre estoy echando a perder todo. No puedo hacer esto. Parece que nunca puedo hacer algo correcto. Quizás debo dejar de tratar". Mi actitud era horrible, ¡y yo me sentía horrible también!

Es importante recordar que Dios no me dijo que yo era una perdedora, o que yo estaba condenada a fracasar. Dios no dijo, "Caramba Julie, eres una fracasada, lo mejor que puedes hacer es abandonarlo todo ahora". Yo estaba pensando estas cosas por mí misma. Todo lo que Dios dijo fue que yo había sido muy sentenciosa y criticona para ser invitada a estar con Él en ese momento. Yo fui la que empecé a pensar esas cosas malas acerca de mí misma.

Mi punto de vista era incorrecto, y mi carácter fue de mal a peor.

Michelle me preguntó por qué yo no estaba dispuesta a aceptar el reto de ser una mejor persona. Honestamente, yo no sabía la razón. Simplemente no me sentía de la manera que ella se sentía. Con el paso del tiempo me di cuenta de que tenía que tomar una decisión. Me sentía miserable y no estaba mejorando por mi cuenta, y mi actitud de abandono estaba afectando a mi esposo y a mi hija. Me sentí tan mal acerca de mí misma que empecé a estar de mal humor conmigo y con otros. Mi actitud estaba afectando a mucha gente y no solamente a mí.

Michelle sabía muy bien que ella había defraudado a Dios, al igual que yo. Ese sueño hirió a ella tanto como a mí. Pero Michelle decidió dejar que Dios la ayudara a que su carácter mejorara. Yo simplemente quería que me dejaran sola con mi miseria. Michelle estaba llena de fe y esperanza. Yo, sin embargo, sentía que quería abandonar todo.

Dios entonces tuvo que lidiar conmigo acerca de mi actitud de abandono. Me preguntó por qué no estaba agradecida por su disciplina.

Bueno, eso fue fácil para contestar: ese sueño hirió mis sentimientos. No me sentí bien mirando a Dios cerrarnos la puerta. ¿Por qué debía estar agradecida por eso?

Dios me dijo que debía estar contenta de que Él me había señalado mi actitud mala.

Recuerda, Él nos disciplina porque nos ama. "¿Pero por qué?" Pregunté. "¿Por qué razón uno debe estar contento cuando uno se mete en problemas como éste? Esto lastima, no se siente nada bien".

Él me enseñó que debo estar agradecida por Su disciplina. Me di cuenta de que en verdad hiere. No, no se siente bien. Y sí, podría causar sufrimiento por un poco de tiempo. ¿Pero sabes lo que me dijeron? Me dijeron que Dios necesitaba traer esto a mi atención ahora, antes de que me metiera en más problemas.

¡Ni siquiera había pensado en eso! Dios estaba protegiendo a Michelle y a mí dejándonos saber que estábamos caminando sobre una capa fina de hielo. Él nos estaba reprochando - en otras palabras, nos estaba dejando saber que Él no aprobaba nuestro comportamiento - porque él sabía que nuestra conducta iba a hacer daño a nosotras y a otros, y él quería que supiéramos esto antes de que ocurriera algo mucho más serio.

Dios no estaba haciendo esto para ser cruel, lo estaba haciendo para dejarnos saber que Él tenía buenos planes para nuestras vidas, pero él no podía revelarnos Sus planes para nosotras hasta que estuviéramos listas para manejarlos a la manera de Dios. Aquí hay un ejemplo que podría aclarar esto.

Piensa acerca de un padre que quiere dar a su hijo un regalo muy bueno; digamos que es una sierra eléctrica.

El padre ve que el hijo está tomando decisiones temerarias e imprudentes, él podría aguantarse en dar la sierra al hijo porque sabe que si su hijo actuara imprudentemente con la sierra, él se podría hacer daño, o peor todavía, hacer daño a otros.

Este padre podría tratar de ayudar al hijo dándole palabras sabias y consejos, pero en último caso le toca al hijo decidir si acepta el consejo de su padre o si sigue haciendo las cosas a su manera. El padre no puede obligar al hijo a tomar decisiones mejores y más sabias; eso le toca al hijo solamente. Lo único que el padre puede hacer es aconsejar y esperar para ver lo que el hijo va a hacer.

Sin embargo, si el hijo decide aceptar el consejo del padre y empieza a tomar decisiones mejores y más sabias, entonces es cuando el padre puede decidir dar a su hijo el regalo de esa sierra eléctrica. El padre sabrá entonces que el hijo será responsable con una herramienta tan poderosa.

Pero aún entonces, el padre nunca simplemente le daría la sierra al hijo y le diría buena suerte. No dejaría a su hijo por sí solo. Le enseñaría a su hijo cómo manejarla con seguridad, para que nadie se lesione. Y ayudaría a su hijo a entender totalmente cómo usar la sierra apropiadamente para hacer cosas buenas.

Así como en el ejemplo anterior, Dios tenía grandes cosas en mente para Michelle y para mí, pero no podía dárnoslas hasta que pudiéramos estar preparadas para manejar nuestras actitudes y ajustar nuestra conducta. Dios no iba a darnos los regalos que tenía para nosotras porque no estábamos listas para ellos. Dios tenía que dejarnos saber que nuestras acciones hacían daño a nosotras y a otros. Él nos aconsejó cómo ser más prudentes y tomar mejores decisiones. Para nosotras eso significaba dejar de criticar y juzgar a otros. Dios no iba a forzarnos a hacer eso, pero nos dejó saber los comportamientos que teníamos que cambiar, y luego esperó para ver cómo íbamos a responder a Su consejo. Dios tenía regalos muy buenos para nosotras, pero hasta que Él supiera que estábamos dispuestas a ajustar nuestras actitudes, Él no iba a dárnoslos.

Michelle manejó todo esto a la manera de Dios. Ella felizmente estaba moviéndose hacia los planes que Él tenía para ella, y ella estaba siendo bendecida abundantemente.

Lentamente me fui dando cuenta de que Dios quería que usara mis palabras para el bien y para ayudar a la gente en vez de juzgar y criticar a la gente y ponerlos por el suelo (menospreciarlos). Dios tenía buenos planes para mi vida también, pero Él sabía que yo nunca iba a poder moverme hacia ellos si mis palabras estaban siendo usadas para herir a otros. Yo no sabía en esos momentos que un día iba a estar escribiendo libros; todo lo que sabía era que tenía que obedecer y seguir a Dios haciendo las cosas a Su manera, y eso quería decir no seguir hablando mal de la gente. También tenía que dejar de culpar y criticar, y tenía que perder mi actitud de rendirme o abandono.

Pero Dios no me dejó sola en todo esto. Me ayudó en todo momento, y me enseñó cómo dejar de culpar y en cambio empezar a rezar por la gente. Dios me enseñó cómo tratar mejor a los demás, y me enseñó a entender cómo perder mi actitud de rendirme o abandono.

Dios nunca nos deja solos con nuestros líos. Justo como el buen padre que Él es, Él siempre nos ayuda a lograr y a superar los problemas; solamente tenemos que permitir que lo haga. Y hacemos eso pidiendo a Dios que nos ayude y siguiendo Su consejo.

Lo importante que tenemos que saber es que podemos aceptar la disciplina de Dios y permitir que nos ayude, o podemos decidir ignorar Su disciplina y seguir a nuestra manera. Dios quiere movernos hacia los planes maravillosos que tiene para nosotros, pero tenemos que estar dispuestos a hacer las cosas a la manera de Dios.

Proverbios 22:3 dice, "el prudente ve el peligro y se esconde, pero el simple sigue adelante a costa suya". Esta escritura es tan cierta-a menudo sufrimos cuando decidimos seguir a nuestra manera, en vez de seguir la manera de Dios. No hubo ningún momento confortable para mí cuando trataba de hacer las cosas a mi manera, pero una vez que acepté la disciplina de Dios y dejé que me ayudara, mi vida tuvo más paz.

Siempre es decisión nuestra. Podemos aceptar la disciplina de Dios, sabiendo que la está usando para ayudarnos, o podemos ignorarla y terminar por tener más problemas que si hubiéramos escuchado a Dios desde el principio.

Volviendo a nuestra historia, Michelle fue prudente. Ella vio el peligro en su comportamiento y le pidió ayuda a Dios. Eso es lo que yo debí hacer. Tenemos que ser capaces de admitir lo que hemos hecho mal, y debemos querer cambiar nuestras maneras cuando nos damos cuenta de que no son las maneras de Dios. Y debemos recordar que Dios siempre nos ayudará en esto.

Estoy feliz de que finalmente admití que estaba culpando, criticando y juzgando. Me disculpé con Dios por la manera que me había comportado con Él y Sus hijos. También acepté el consejo de Dios y empecé a usar mis palabras para el bien. Estaba muy agradecida de poder ver cómo Michelle estaba manejando esto, y decidí que era tiempo para que yo empezara a hacer las cosas a la manera de Dios también.

Si hemos sido disciplinados por Dios, o si sabemos que no estamos viviendo como Dios quiere que vivamos, es importante saber que Él nos ama, y no tendremos ese sentimiento de paz y amor en nuestros corazones hasta que empecemos a hacer las cosas a la manera de Dios. Si queremos recobrar la paz y movernos hacia los planes maravillosos que Dios tiene para nosotros, la siguiente oración puede ayudar.

ORACIÓN

Querido Dios, por favor ayúdame a escuchar tu reproche. Si me disciplinas, sé que es por una buena razón. Ayúdame a obedecerte y por favor no me dejes caer en una actitud de abandono. Ayúdame a seguir tus maneras. Muchas gracias por tu disciplina Señor, sé que es por mi bien y el bien de otros.

Amén.

Mi esperanza al compartir todo esto contigo es que podamos aprender cómo Dios quiere que actuemos, especialmente cuando pasamos por pruebas, luchas y disciplina. Es importante también saber dónde están las dificultades y lo fácil que es caer en una actitud de abandono cada vez que las cosas se ponen difíciles en nuestras vidas.

Lo importante para saber es que Dios quiere que tengamos paz y amor por dentro. Cuando escuchamos a Su disciplina y dejamos que nos ayude, realmente logramos ese sentimiento de paz y amor en nuestros corazones. Dios nos moverá hacia los planes que tiene para nosotros. Él (Dios) que empezó el buen trabajo en ti seguirá perfeccionándolo hasta el día de Cristo Jesús. (Filipenses 1:6)

Cuando nos encontramos en cualquier clase de problema y sentimos que queremos abandonarlo todo, esta oración podría ayudar.

ORACIÓN

Querido Dios, tú eres mi única esperanza y ayuda. Por favor ayúdame a seguir tus maneras por todo esto (di cuál es tu problema). Ayúdame siempre a hacer lo correcto, sin importar lo difícil que pueda parecer. Por favor dame la fuerza y ayuda para que nunca abandone o deje de hacer lo que es correcto.

Amén.

¡Dios realmente tiene grandes planes para ti!

Nunca olvidemos las palabras de aliento de Jesús:

Juan 16:33 - Les he dicho estas cosas para que tengan paz en mi. Van a tener que sufrir mucho en este mundo. Pero, ¡anímense! Yo he vencido al mundo.

El equipo ganador

¿Recuerdas en el principio de este libro cómo hablamos de Adán y Eva? ¿Recuerdas cómo ellos estaban con Dios en perfecto amor hasta que el pecado entró en el cuadro?

Bien, el pecado no se ha ido del mundo. Sigue presente y trata de alejarnos de Dios.

Hay dos fuerzas opuestas en la tierra hoy día. Hay lo bueno y lo malo. A veces nos referimos a ellas como la luz y la oscuridad.

Las fuerzas del bien y el mal son como dos equipos enfrentándose en un partido. Un equipo-el equipo bueno- es Dios, y siguiendo Sus caminos siempre traerá victoria en nuestras vidas. Eso no quiere decir que nunca tendremos problemas; solamente significa que cuando nos enfrentamos a problemas, Dios estará con nosotros. Y cuando manejamos nuestros problemas a la manera de Dios, tendremos paz y amor por dentro, y eso ayudará a todos los que nos rodean. Todos ganamos cuando nos quedamos cerca de Dios y vivimos a Sus maneras.

El equipo contrario - el mal - trata de hacernos tomar decisiones que no siguen los caminos de Dios, por ejemplo, cuando escuchamos a alguien decir que estamos tentados a hacer algo malo, ese es el equipo contrario trabajando. La tentación a menudo tiene que ver algo con el pecado-una violación a la ley de Dios.

Todos hemos estado tentados y hemos hecho cosas malas a veces. El pecado está en nuestro mundo, y todos hemos tomado decisiones de las que no estamos orgullosos. Esa es la razón por la que Jesús vino a la tierra en primer lugar. Él sabía que necesitábamos ayuda y sabía que no podíamos vencer al pecado sin Él.

Por eso Jesús murió por nosotros y por eso es que volvió a la vida por nosotros.

IEs por eso que Jesús nos dio sus enseñanzas o lecciones para que podamos manejar nuestros problemas a la manera de Dios. La Biblia nos dice (Pedro 2:21-22), "Para esto fueron llamados, porque Cristo sufrió por ustedes, dejándoles un ejemplo, para que sigan sus pasos. Él no cometió pecado, y en su boca no hubo engaño".

La Biblia también nos dice en Corintios 5:21, "A Cristo que no cometió pecado, Dios lo hizo pecado por nosotros, para que nosotros en Él lleguemos a participar de la vida santa de Dios".

A pesar de que Jesús mismo fue tentado aquí en la tierra, Jesús pudo decir no cada vez, por eso Él nunca pecó. Nunca cedió a la tentación de pecar. Por eso es que podemos confiar en Jesús. Él entiende lo que es ser tentado, pero también sabe cómo resistir la tentación. Nunca miente, y él siempre ofrece Su ayuda y Su amor. Es bueno para nosotros seguir a Jesús y escuchar lo que nos dice, porque Él sabe lo que es mejor para nosotros todo el tiempo. Y porque Él nunca hizo algo malo, podemos estar seguros de que su consejo será bueno siempre.

Sí, Jesús nos ha dado instrucciones sobre cómo manejar cualquier problema que enfrentemos, para que podamos vivir vidas victoriosas y evitar las trampas del pecado. Y si caemos en el pecado-y tarde o temprano todos lo hacemos-Él nos ofrece perdón y ayuda. Todo lo que tenemos que hacer esvolvernos a Dios.

ORACIÓN

Querido Dios, por favor perdóname por (di a Dios lo que has hecho mal). Sé que no manejé esto a Tú manera. Por favor sáname y sana a la gente a quien he hecho daño por este pecado. Ayúdame a volverme a ti con todo mi corazón para que no vuelva a caer en este pecado.

Amén.

Seguir a Dios y sus caminos es la única manera de evitar el mal en nuestras vidas.

Dios sabe y quiere lo que es mejor para nosotros siempre. Él nos ama, Él nos creó, Él es nuestro Padre. Cualquier cosa que trate de separarnos de Dios o que trate de evitar que sigamos a Dios solamente puede hacernos daño. Ese es el equipo contrario y es el mal..

Seguir los caminos de Dios, entonces, es siempre la cosa buena y correcta para hacer. Si alguien o algo llega a tu vida y trata de decirte lo contrario, vuélvete a Jesús. Él te ayudará, Él te protegerá y Él estará contigo para ayudarte a enfrentarte a cualquier situación. Él siempre sabe lo que es mejor para ti y para los que te rodean.

Si estás luchando con el pecado y sabes que el mal está cerca, la siguiente oración puede ayudar.

ORACIÓN

Querido Jesús, por favor protégeme. No quiero caer en la tentación y el pecado. Por favor cúbreme con tu protección y ayúdame a ver las cosas con claridad, cómo ellas son realmente, para que yo pueda seguir tus caminos. Muchas gracias, Dios, por cubrirme con tu amor.

Amén.

"Sobre todo, ámense unos a otros profundamente, porque el amor cubre una multitud de pecados". (1 Pedro 4:8)

Jesús dijo a sus seguidores, "Rueguen para no caer en la tentación". (Lucas 22:40) Así que digamos la oración anterior diariamente, especialmente si el pecado y la tentación han tratado de separarnos de Dios. Hacer lo bueno y correcto es muy importante, y Dios nos ayudará a hacerlo, pero tenemos que seguir hablando con Él todos los días y acordarnos de lo mucho que Él realmente nos ama.

Puedes usar la oración anterior, o puedes querer decir la tuya propia. Pero cualquiera que sea la oración que uses, es bueno siempre decir a Dios exactamente con lo que estás luchando, y tener recordatorios constantes de lo mucho que Dios verdaderamente te ama.

Sin embargo, debes saber, que simplemente por estar en el equipo de Dios, y hacer las cosas a su manera no nos hace perfectos. Nadie es perfecto, excepto Dios; por eso es que siempre necesitamos a Dios en nuestras vidas. Todos tenemos flaquezas y todos nos metemos en problemas a veces; por eso es que la Biblia dice, "MI gracia es suficiente para ti, porque mi poder actúa mejor donde hay debilidad". (2 Corintios 12:9)

Éstas son buenas nuevas. Quiere decir que Dios no espera que seamos perfectos. Eso nos quita la presión de encima-Dios no nos ama basado en cuán bien nos desempeñamos. Él conoce nuestros pecados, sabe que somos débiles, y nos ama a pesar de todo.

No solamente nos ama, sino que Dios nos ha dicho que cuando somos débiles es cuando Su poder actúa mejor. Todo lo que tenemos que hacer es decir a Dios que lo necesitamos y que no lo podemos hacer por nuestra cuenta. Dios ha trabajado a través de mucha gente en nuestro mundo para hacer cosas asombrosas cuando ellas se han entregado a Él. Cuando Dios trabaja a través de nuestras flaquezas, entonces es cuando Su amor y poder brillan más para que todos lo vean.

Permíteme darte un ejemplo. A mi esposo le gusta el béisbol. Es una parte importante de su vida y de nuestra casa. No solamente miramos muchos partidos de béisbol, sino también películas acerca del juego y los jugadores.

Recientemente vimos un programa acerca del gran jugador de los New York Yankees, Mariano Rivera. En un momento durante el programa, Mariano dijo que su vida en el béisbol era del Señor. Cuando crecía su pasión era por el fútbol; si hubiera tenido la oportunidad hubiera escogido el fútbol por encima del béisbol en un instante, pero el Señor le dijo que estaba destinado a ser un jugador de béisbol.

Cuando empezó, Mariano no tenía idea de que Dios le iba a hacer uno de los jugadores de béisbol más grande de todos los tiempos, pero eso fue lo que sucedió. Y mirando al pasado hoy día, Mariano sabe que nunca habría podido lograr todo lo que ha logrado de no haber sido porque Dios le estaba orientando y guiando. Dios lo orientó hacia los Yanqees e hizo de Mariano un pítcher excelente.

Pero todo eso no pasó enseguida. Mariano empezó en las ligas menores, como todo otro jugador de pelota. Al principio él ni siquiera estaba pensando en ser un pítcher; él era un "shortstop". Pero un día cuando estaba haciendo de cátcher, uno de sus entrenadores notó que Mariano podía tirar la pelota muy bien, y decidió tratar de hacerlo un pítcher.

Incluso entonces, Mariano no se convirtió en una estrella de la noche a la mañana. Tuvo que pasar por un rigoroso entrenamiento, y todo el tiempo Dios le estaba ayudando a desarrollar sus habilidades y carácter, de modo que al momento correcto, Mariano estuviera listo para las ligas mayores. Mariano sabía que no podía empezar en el tope, pero aceptó el entrenamiento y lo hizo con una gran actitud.

Eventualmente, con trabajo duro y la ayuda de Dios, Mariano estuvo listo para las ligas mayores, y fue llamado para los Yanqees. Pero de nuevo no fue un gran éxito desde el primer día, Siguió tomando tiempo, y él siguió mejorando, hasta que se convirtió en el mejor pítcher de relevo en el juego.

Con ese éxito vino un número grande de fanáticos. Mariano Rivera se hizo muy popular y la gente lo amaba. Hasta le gustaba a los jugadores y fanáticos de equipos contrarios. ¿Por qué? No solamente porque era buen jugador; muchos jugadores son buenos, pero incluso los buenos no siempre son populares. No, era porque Mariano trataba al juego con respeto y porque trataba a las personas a la manera de Dios. Incluso cuando ponchaba a un bateador contrario (y Mariano ha ponchado a muchos bateadores), él nunca trataba de hacerlos quedar mal o presumir. Desde luego que quería ganar el partido, pero no quería que sus oponentes se vieran o sintieran mal cuando ganaba.

Debido a su éxito, Mariano recibió también bendiciones financieras-los Yanqees le pagaban muy bien-sin embargo no usaba esas bendiciones para ganancia puramente egoísta. De hecho, ¿sabes lo que ha hecho con una parte de su dinero? Después de retirarse del béisbol al final de la temporada del 2013, Mariano ha estado trabajando en un proyecto para allegarse a jóvenes y muchos otros mediante la construcción de una iglesia en New Rochelle, Nueva York. Está usando las lecciones que el Señor le ha enseñado y los dones que Dios le ha dado para ayudar a la gente, de modo que otros puedan compartir en las bendiciones que ha recibido de Dios.

Es realmente impresionante pensar que Mariano está llegando a tanta gente que de otra manera no sabrían que Dios les ama. Dios ha podido tomar algo tan simple como el amor a los deportes y un hombre dispuesto a obedecerle para hacer que sucedan grandes cosas; cosas que nunca hubieran sido posibles de otra manera.

Sí, Dios está ayudando a mucha gente a través de Mariano Rivera, pero no sólo a través de Mariano. Dios puede hacer cosas impresionantes a través de nosotros también: ¡cosas que nunca podríamos hacer por nuestra cuenta, cosas que ni siquiera hubiéramos imaginado que podíamos tratar! Dios toma nuestras flaquezas y nos ayuda a hacer cosas que de otra manera serían imposibles. Por eso es que Jesús nos ha dicho que "lo que es imposible con los hombres es posible con Dios". (Lucas 18:27)

Quizás algo pasó en tu vida donde Dios tomó la situación en sus manos y la convirtió en algo que tú nunca soñaste que podría pasar. Cosas así son experiencias que nos hacen humildes, y nos damos cuenta en esos momentos que Dios realmente puede hacer cualquier cosa, a pesar de nuestros fracasos y flaquezas.

Estoy tan agradecida de que hayamos invitado a Dios para que entrara en nuestras vidas. Él es tan maravilloso. Si todo esto es nuevo para ti, dale tiempo. Dios brillará en tu corazón y en tu vida.

Recordemos las palabras de aliento de Jesús:

Juan 16:33 - Les he dicho estas cosas para que tengan paz en mi. Van a tener que sufrir mucho en este mundo. Pero, ¡anímense! Yo he vencido al mundo.

El reto

Hacer las cosas a la manera de Dios puede ser un reto a veces. No siempre se siente como que es la cosa natural para hacer. Pero aunque puede ser fácil caer en la tentación, mientras nos mantengamos centrados en Dios y recordemos lo mucho que nos ama, Él nos ayudará a pasar a través de estos tiempos difíciles. Dios sabe que todos pecamos, y él nos ama de todos modos. Por eso no dejes que tu pasado evite que tengas una gran relación con Dios.

No importa lo que hayas hecho, no importa lo culpable que te sientas, Dios te ama. No hay absolutamente nada que puedas hacer para hacer que Dios deje de amarte. Él te ama incondicionalmente, y tiene un plan estupendo para tu vida. La Biblia (Romanos 8:38-39) dice, "porque estoy convencido de que ni la muerte ni la vida, ni los ángeles ni los demonios, ni el presente ni el futuro, ni las fuerzas del universo, sean de los cielos o sean de los abismos, ni nada de lo demás en la creación podrá separarnos del amor de Dios que es Cristo Jesús nuestro Señor".

Este capítulo está dedicado a compartir algunas otras herramientas y enseñanzas que nos ayudarán a seguir siendo fuertes para que podamos decir no al pecado y la tentación. Las cosas que voy a compartir podrían parecer difíciles pero siempre recuerda que el poder de Dios actúa mejor en nuestras flaquezas.

-Valentía-

Primero, miremos la valentía. La valentía usualmente no viene fácilmente; de hecho es muy difícil ser valiente sin haber enfrentado antes algún tipo de reto o adversidad.

La valentía no se trata tanto de cómo nos sentimos, sino de lo que hacemos. Podemos tener mucho temor, pero si confiamos en Dios, él nos dará la fuerza para hacer lo correcto.

Yo creía que la valentía era no tener miedo. Más tarde entendí que la valentía no significa eso; significa enfrentarse y lidiar con un problema, aún cuando tengamos miedo. Ahora sé que la valentía es decidir hacer lo que debemos, aunque nos dé miedo.

Todos somos humanos, y tener sentimientos es parte de ser humano. Siempre vamos a tener sentimientos, y no siempre podemos escoger qué sentimientos vamos a tener. A veces son sentimientos buenos y a veces son sentimientos malos.

Pero nuestros sentimientos no tienen que dictar cómo vamos a vivir nuestras vidas. Los bomberos tienen que tener valentía para entrar a casas que están quemándose para rescatar a la gente. La idea de entrar a una casa que está quemándose le daría miedo a cualquiera, pero ellos no dejan que el miedo evite que ellos hagan bien y ayuden a otros.

Nosotros también tenemos que demostrar valentía en nuestras vidas. Podría ser que no tengamos que entrar a edificios que están quemándose, pero habrá momentos en nuestras vidas cuando tendremos miedo, y sin embargo sabemos que tenemos que hacer algo. Esos son los momentos cuando tenemos que confiar en Dios y depender de Él para que nos dé las fuerzas que necesitamos para hacer lo correcto. Cuando dejamos que el miedo evite que hagamos lo correcto, eso crea problemas en nuestras vidas. Pero no tenemos que dejar que eso pase.

Volvamos a Dios y miremos lo que Dios quiere que hagamos respecto a la valentía. Deuteronomio 31:6 dice, "Sean valientes y firmes. No teman ni se asusten ante ellos, porque el Señor, tu Dios, está contigo; no te abandonará ni te dejará".

El salmo 31:24 también dice, "Sean valientes, y Él fortalecerá su corazón, todos los que esperan en el Señor". (KJV) Es asombroso lo que Dios puede hacer a través de nosotros cuando nos volvemos a él para tener valentía.

La Biblia también nos dice: "Pidan y se les dará, busquen y encontrarán, toquen a la puerta y les abrirán. Porque el que pide, recibe; el que busca, halla y al que llame a una puerta, le abrirán", (Mateo 7:7-8)

A veces podemos encontrarnos con situaciones aterradoras, y otras veces no estamos seguros de lo que debemos hacer en ciertas situaciones. No permitamos que ese sentimiento de incertidumbre prevenga que hagamos lo que es correcto. Ahora es el momento de pedir a Dios la valentía para hacer lo correcto. Él siempre sabe lo que se debe hacer, por eso volvámonos a Él, aunque estemos temerosos o inseguros acerca de qué hacer. Él nos proporcionará toda la valentía que necesitemos.

ORACIÓN

Querido Dios, necesito tu fortaleza. Por favor dame la valentía para (dile a Dios para qué es lo que necesitas valentía). No puedo hacer esto sin Ti Gracias Señor.

Amén.

Por favor ten valentía y nunca olvides las palabras de aliento de Jesús:

Juan 16:33 - Les he dicho estas cosas para que tengan paz en mi. Van a tener que sufrir mucho en este mundo. Pero, ¡anímense! Yo he vencido al mundo.

-Perseverancia--

Otra buena característica que podría parecer retadora es la perseverancia. Discutimos esto un poco en el capítulo titulado, "¡Me rindo!" Pero hay más que compartir acerca de la perseverancia.

Hebreos 12:1 dice, "Fijémonos, pues, en estos innumerables testigos, verdadera nube que nos tiene envueltos; dejemos toda carga inútil y librémonos del pecado que nos asedia, para correr con perseverancia la prueba que tenemos por delante".

¿Qué significa eso? Quiere decir que nunca debemos dejar que nada ni nadie evite que vivamos el plan que Dios tiene para nosotros. Me gusta este verso porque es un buen recordatorio de que siempre tendremos problemas que tratan de obstaculizar o detenernos, y que podemos fácilmente estar tentados a caer en el pecado. Podemos también estar distraídos por nuestros problemas, pero eso no cambia el hecho de que Dios tiene un plan maravilloso para nosotros. Siempre y cuando mantengamos nuestro enfoque en él, leyendo Sus palabras en la Biblia, y escuchándole, y rezando por todo en nuestras vidas, nos ayudará a completar la tarea que tengamos que hacer.

Estas son noticias tan emocionantes. Dios nos ha dado todo lo que necesitamos, para que podamos vivir Su plan para nuestras vidas. Solamente tenemos que decidir ser valientes y perseverar, para que nunca abandonemos el vivir a la manera de Dios.

Hay otro pasaje de la Biblia que se relaciona con la importancia de la perseverancia. "Hermanos, estimen como la mayor felicidad el tener que soportar diversas pruebas. Ya saben que cuando su fe es puesta a prueba, ustedes aprenden a tener perseverancia. Procuren pues que esa perseverancia sea perfecta, para que de ahí salgan perfectos e irreprochables, sin que les falte nada". (Santiago 1:2-4)

Entonces, el mensaje es que podríamos alcanzar grandes cosas cuando perseveramos. Cuando empezamos un proyecto, y empieza a ponerse difícil, algunas veces estamos tentados a decir, "Olvídalo, es muy difícil". Pero si seguimos adelante con eso, eventualmente el trabajo será hecho. El proyecto o tarea podría ser totalmente diferente de lo que esperábamos, pero cuando lo completamos, podríamos descubrir dones, talentos y bendiciones que ni siquiera sabíamos que teníamos. Ves, hay muchas cosas buenas que vienen con la perseverancia.

Quizás puedes pensar en momentos en tu viada cuando sentiste que querías abandonar todo, pero perseveraste, y más tarde estuviste contento por haber seguido con eso. ¿Te asombraste de lo mucho que aprendiste o lo mucho que lograste?

Ésta es una de las razones por las que me encanta leer la Biblia. Ilustra lo que debemos hacer en nuestras vidas, dándonos dirección y un plan para cómo responder a las diferentes situaciones. Aprender de la Biblia acerca de la perseverancia nos puede enseñar a no rendirnos cuando estamos haciendo algo importante. Nos enseña a seguir adelante. Dios puede usar estas experiencias para nuestro bien y para el bien de toda la gente que nos rodea.

Si hay veces cuando piensas que te rindes muy fácilmente, o tienes dificultad para terminar las cosas que empiezas o piensas abandonar todo en el momento que las cosas empiezan a ponerse difíciles, la siguiente oración podría ayudar.

ORACIÓN

Querido Dios, por favor perdóname por abandonar las cosas muy fácilmente. Dame la fortaleza y valentía que necesito para perseverar. Gracias, Señor Jesús.

Amén.

Conclusión

Quisiera compartir otra experiencia de mi vida que demuestra cómo usaba el juego de culpar. Pero a través de la perseverancia y la valentía pude superarlo con la ayuda de Dios y moverme adelante en Su plan para mi vida. El ejemplo es de este mismo libro, *EL juego de culpar*. Escribir este libro fue para mí definitivamente una prueba de valentía, perseverancia y culpar.

Cuando escribo estos libros, voy a Dios de una manera especial que requiere ayunar y rezar. Bueno, al menos eso fue lo que hice con el primer libro, titulado *Tus sentimientos y lo que Dios dice acerca de los mismos*. Durante el tiempo entre escribir y publicar ese primer libro, Dios me dio el título de este libro, *El juego de culpar*.

Pero cuando empecé a escribir este libro, nunca me preocupé de ayunar y rezar a Dios de la manera que lo hice con el primero. Tomé lo que se me había dado y lo convertí en lo que pensaba que Dios quería que *El juego de culpar fuera.* ¡Eso fue un enorme error!

Me apresuré por el proceso de escribir, pensando, tengo que terminar esto. Tan pronto como terminé, envié el libro a mi editor, pensando todo el tiempo que eso era lo que se suponía que hiciera. El libro fue publicado, y le di copias a algunos amigos qué pensé lo iban a disfrutar. Gracias a Dios que sólo se lo di a unas pocas personas.

En vez de gustarle el libro como yo esperaba, una de mis amigas me dijo que no le gustaba. Dijo que parecía que al libro le faltaba algo. Ella dijo, "Tu primer libro fue tan bueno, ¿qué pasó con éste? Escuché muchos otros comentarios que no eran muy agradables

Ahora cuando inicialmente me dijeron que algo estaba mal con el libro que había escrito, tenía que tomar una decisión. Podía enojarme y culpar a la persona por ser cruel y criticar mi libro; eso hubiera sido una respuesta muy natural. Sin embargo, yo sabía que eso sería algo incorrecto para hacer. No es la manera de Dios el culpar o difundir el enojo. Además, yo sabía que la persona que me dijo estas cosas nunca lo hubiera hecho a menos que honestamente creyera que había algo mal con el libro. De modo que me enfrentaba a una prueba: ¿me enojaría y empezaría a culpar, y dejaría el proyecto por completo, o iría a Dios para que me ayudara?

No quería caer en la tentación y pecar, así que presenté el problema al Señor enseguida. Le pedí a Dios que no permitiera que yo cayera en el pecado, y le pregunté a Dios si había alguna verdad en lo que mi amiga estaba diciendo.

Lo que me llegó cuando estaba rezando acerca de esto fue que yo no había ido donde Dios como lo hice en el primer libro. En este punto sabía que había cometido un gran error.

También sabía que tenía que empezar a reescribir todo el libro, pero esta vez lo tenía que hacer a la manera correcta-la manera de Dios. Y al rezar, el Señor me enseñó todo lo demás que tenía que incluir en el libro, y Él también me mostró que algo realmente grande faltaba en el libro; ¡ÉL! Eso era correcto, ¡había escrito todo el libro y había dejado fuera a Dios mismo! ¡Caramba! ¡Esto no estaba bien!

Sabía que tenía que hacer grandes cambios. Estaba muy molesta y temerosa porque ya había enviado el libro al editor, que ya había impreso varias copias del libro. Bien, no importa cuán molesta estaba, sabía que tenía que reescribir todo el Libro. Pero, en cierta manera, esto era una gran prueba de mi valentía. Significaba que tenía que decirles a mis amigos y a mi editor, "Lo siento, pero el libro que les di no es el libro que Dios quería que yo escribiera".

Eso es algo difícil para hacer: admitir a todos que has cometido un error. Temía que iba a ser rechazada y me sentí avergonzada. Necesitaba valentía para que me ayudara a pasar por todo esto, pero sabía que era lo correcto para hacer. También sabía que a pesar de mis fracasos y flaquezas, podía confiar en Dios para que arreglara todo. Solamente tenía que ser valiente y tomar ese próximo paso.

Le pedí ayuda a Dios, y efectivamente, Él me dio la fuerza que necesitaba. Hice llamadas telefónicas y envié emails. Les dije que tiraran el libro. Les dije que me había apresurado en el proceso de escribirlo, y que no había ido a Dios como debí hacerlo.

Una vez que tomé la decisión de hacer lo correcto, Dios me ayudó a perseverar. Sabía que podía caer fácilmente en la tentación y simplemente abandonarlo y decir olvídalo, pero sabía por mis experiencias pasadas cuando me rendía que esto no era lo correcto para hacer. En cambio, fui a Jesús enseguida, y Él me ayudó a reescribir todo el libro. No me condenó, ni me hizo sentir como un fracaso. Más bien, me *sentí amada, y Él pudo usar todas estas experiencias para ayudarme a reescribir El juego de culpar.*

Eso no quiere decir que fue fácil; reescribir todo el libro fue difícil. Tomó mucho tiempo y paciencia, pero Dios me dio la fuerza para seguir adelante con Él. Y esta vez Él hizo el libro a la manera que Él quería que fuera.

La experiencia me ha enseñado unas lecciones muy importantes acerca de culpar, valentía y perseverancia, y ahora sé lo que tengo que hacer la próxima vez que Dios me dé una idea para un libro. Aprendí mucho por esta experiencia, y ahora estoy agradecida por eso. En esos momentos no estaba contenta con nada de esto, pero porque Dios me guió por esto a Su manera, ahora puedo mirar atrás y darme cuenta de que este libro realmente ha sido una bendición para mí. Mi sincera oración es que sea una bendición para ti también.

La razón por la que quise compartir esta experiencia contigo es que todos comentemos errores. Todos caemos en el pecado en algún punto en nuestras vidas, y todos podemos estar tentados a veces a culpar a otros cuando las cosas salen mal. Habrá momentos cuando la gente nos dirá cosas que nos hieren pero está OK. En vez de enojarnos y culpar a otros, entreguémoslo al Señor. Esa es la mejor manera de mantener la paz en nuestros corazones.

Todo lo que tenemos que hacer es decir a Dios lo que nos causa problemas. No hay nada que temer.

Si hay algo que debemos cambiar, tengamos valentía, y hagamos lo correcto. Si estamos con Dios, Él siempre nos ayudará a perseverar y a lidiar con cualquier cosa, incluso nuestros peores errores y fracasos, Dios puede ayudarnos a superar cualquier problema que enfrentemos, ¡incluyendo el juego de culpar!

ORACIÓN

Querido Dios, por favor ayúdame a dejar de jugar el juego de culpar. Muchas gracias por Tus palabras en la Biblia. Por favor ayúdame a vivirlas cada día de mi vida, de modo que pueda tener paz y vivir el plan maravilloso que tienes para mí.

Amén.

Nunca olvides las palabras de aliento de Jesús:

Juan 16:33 – Les he dicho estas cosas para que tengan paz en mi. Van a tener que sufrir mucho en este mundo. Pero, ¡anímense! Yo he vencido al mundo.

Lista de lecturas sugeridas

La Sagrada Biblia

Joyce Meyer, Battlefield of the Mind for Kids

Joyce Meyer, Battlefield of the Mind for Teens

Joyce Meyer, Battlefield of the Mind

Otros libros de Julie Chapus:

Tus sentimientos y lo que Dios dice acerca de los mismos

Note from the Author

Si has encontrado que este libro es de ayuda, por favor déjame un comentario en la página web:

www.christforkidsministries.com

Me encantaría escuchar de ti.

Julie

www.ingramcontent.com/pod-product-compliance
Lightning Source LLC
Chambersburg PA
CBHW070425080426
42450CB00030B/1500